Graded Chinese Story Reader
Season 1

By Jane Feng @ SN Mandarin
For Chinese Learners of New Generation

nán běi gù shi
南北故事

趣味汉语分级阅读系列

第一季

冯艳艳　编著

九州出版社
JIUZHOUPRESS

图书在版编目（CIP）数据

南北故事 / 冯艳艳编著. -- 北京 ：九州出版社，
2015.7

ISBN 978-7-5108-3777-7

Ⅰ．①南… Ⅱ．①冯… Ⅲ．①汉语－阅读教学－对外
汉语教学－教学参考资料 Ⅳ．①H195.4

中国版本图书馆CIP数据核字（2015）第145884号

南北故事

作　　者	冯艳艳　编著
出版发行	九州出版社
出 版 人	黄宪华
地　　址	北京市西城区阜外大街甲35号　（100037）
发行电话	（010）68992190/3/5/6
网　　址	www.jiuzhoupress.com
电子信箱	jiuzhou@jiuzhoupress.com
印　　刷	北京华忠兴业印刷有限公司
开　　本	787毫米×1092毫米　16开
印　　张	14.75
字　　数	230千字
版　　次	2015年12月第1版
印　　次	2015年12月第1次印刷
书　　号	ISBN 978-7-5108-3777-7
定　　价	28.00元

前　言

　　记得在我学英语的时候，正是书虫系列英语读物刚刚兴起的时候，感谢书虫系列读物拓展了我的英文视野，把我带入了英文的殿堂，让我这个乡村的孩子也渴望有一天我的英文能够真正"登堂入室"。后来就有了高考后填报志愿时的英文专业。外文阅读对我个人的外语学习具有不可忽视的作用。再后来学了二外法语，也读了大量的法文读物。最终读了语言学专业的研究生并成为对外汉语老师。

　　几年一线教学工作做下来，常常为没有能推荐给学生合适的中文阅读物而扼腕叹息，也常常为阅读物匮乏阻碍学生中文进步而忧虑不已。终于有一天，帮学生准备 HSK 三级考试的时候，我试着通过用 HSK 三级词汇改编中国传统故事的方式来提高学生的阅读能力和阅读速度，帮助学生巩固复习汉字和生词——没想到的是，学生自此之后就一直催着我给他们提供新的改编好的故事。学生们孜孜不倦地读着，我和我的同事们绞尽脑汁地写着。不知不觉发现已经积累了这么多的阅读物了。学生们一直强烈要求出版，能惠及更多学汉语的人。于是，就有了我们这套丛书。

做这套读物的目的很单纯，就是为了让留学生有中文书可读，能读得懂，喜欢读，且读后对他们的中文有切实有效的帮助。

具体来说，首先，巩固了词汇和语法点，在与课本刻板内容不同的语境中习得了语言文化知识和了解了生活习俗，提高了阅读速度和理解能力，加深了对中国传统文化的认知和理解，真正在阅读中获得了汉语语言的语感并能够用文章中地道简短的句子进行口头交流。

其次，学生在阅读使用 HSK 分级词汇进行编写的文章同时，也在真实语境中记住了 HSK 的词汇和语法，摆脱了单纯的背词汇的学习方式，可以更高效有趣地准备 HSK 考试。根据现有的学生考试记录，完成 HSK 三级阅读的学生，通过率 100％，高分率 80％。完成 HSK 四级阅读的学生，通过率 100％，高分率 92％，受到使用学生的一致认可。

最后，提高了对汉字的熟悉度和敏感度，自然而然地学会了阅读过程中不可避免的分词停顿。最重要的是，在阅读的过程中，大大增加了留学生对汉语学习的信心和阅读汉字读物所带来的成就感，也大大提升了学生对汉语的学习兴趣。

这套阅读丛书是我们众多一线对外汉语教学教师的心血力作，是经验的总结和应用。

1.选取了学生熟知的话题、急需的话题和感兴趣的话题。在选题之初就已经反复征求过我们所教授过的来自一百多个国家和民族的留学生的意见，征询他们喜欢的话题。选题较广，涉及中国古代传统文化故事、神话传说、成语故事、古代道德典范故事、人物传记、商业故事、生活点滴、旅行指南等，同时还有老师们原创的和对外汉语教学相关的现代生活故事和外国人在中国的故事。系列读物包含生活中的各个方面，文中句式及词汇均富有生活气息，是使用日常生活语言进行的创作和重现。

2. 一级读物在词汇选择和运用上，更是严格以 HSK 三级词汇（600）词为纲，结合初级教材中出现频率较高的另外的200词，共计 800 词（均属于基本词汇）来写作，每本阅读物中循序渐进地使用生词且大量重现生词，生词出现的时候还会以括号后注的形式注明拼音和英文释义，保证学生不会因为生词而影响阅读的连贯性。

读物级别	第一级：HSK3级	第二级：HSK4级	第三级 HSK5级	第四级 HSK6级
HSK 词汇	600 词	1200 词	2500 词	5000 词
单本读物字数	8000-10000	10000-12000	15000-30000	30000-50000

3. 读物所用语言通俗易懂，短句和原汁原味的生活用语保证学生习得地道鲜活的语言。故事生动有趣。本系列读物均选取具有丰富情节的人物或者故事进行编写，文章故事脉络清晰，情节环环相扣，引人入胜。文章经专业对外汉语教师精心编撰，符合外国读者的阅读习惯及阅读水平。真正能让学生读懂，会读，愿意读。

4. 读物只有汉字没有拼音，最大程度上帮助学生摆脱对拼音的依赖；增加英文介绍故事情节部分，保证读者真正读懂书籍内容。配套插图保证学生更好地理解文章，也增加了图书的生动性和趣味性。

5. 读物所涉及故事的背景知识介绍最大程度上保证学生真正理解故事内容和中国语言文化，有效弥补初级汉语学习者文化短板，解决交际难题。

6. 专职的写作团队保证读物按时分期连载。本套丛书共涵盖了 HSK 三级词汇为写作基础的读物至 HSK 六级词汇为写作基础的读物，根据所用词汇分为了一级读物（600 词）、二级读物（1200 词）、三级读物（2500 词）和四级读物（5000 词）四个级别。每个级别每个季度都会连载三本读物，保证不同水平的读者始终都有书可读。

7. 丛书既有合集，又有单本。本书以故事合集的方式出版。

读者使用本套阅读丛书，既可以当做课外阅读物，巩固复习所学过的词汇和语法；又可以用来自学中文。读者可以根据我们每本书的封底的内容提要来选自己感兴趣的适合自己阅读的故事书。一级读物供学过汉语半个学期及以上的学生阅读（HSK 水平为 2 级或以上）；二级读物供学过汉语一个学期及以上的学生阅读（HSK 水平为 3 级或以上）；三级读物供学过汉语一个学年及以上的学生阅读（HSK 水平为四级及以上）；四级读物供词汇量 2500 及以上的学生阅读。

为了我们所热爱的对外汉语教学事业和我们所爱的学生，艳艳和众位老师们必将笔耕不辍，为读者保质保量地源源不断地写出《南北故事》，天天好故事，献给每一位读者和每一位爱书的人。

冯艳艳

2015 年 2 月

写于上海

Preface

When the book worm series first became popular, it was right at the time when I started learning English. And it was the book worm series that broadened my horizon and brought me to the "wonderland" of the English language. What it kindled in me was a yearning to really master the language one day and make it something I could identify with. That was also why I decided to become an English major after taking the national exam for college. Reading became essential for my language learning. I did the same for French as a second foreign language later on. After that, I did my Master's in English Linguistics and started teaching Chinese to foreigners.

After years of teaching, it was somewhat haunting for me to realize how hard it was to find adequate reading materials for the students. I couldn't stop worrying because this was necessarily a stumbling block for them to make progress. One day, when helping some students prepare for a Chinese proficiency test (HSK level 3), I tried using the corresponding vocabulary to adapt some traditional Chinese stories in the hope that it would help them read better and faster while at the same time help reinforce their learning of new vocabulary, it would never occur to me that the students took to it right away and have since been pushing me for newly adapted stories. The students have become obsessed reading them, so are we with our efforts crafting new stories. Looking back all of a sudden, we have accumulated so much reading materials. The students have been demanding for us to publish them so that they can benefit more students. So, here we are, presenting you our series of reading materials.

The goal is simple. We want international students to have Chinese materials that they can read, comprehend, enjoy and use to enhance their learning experience.

To be specific, first of all, it reinforces the learning of vocabulary and grammar points. Students get to pick up new vocabulary and cultural tips from new contexts other than the ones typically used in text books. These materials can also help students improve their reading skills and their understanding

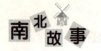

of the Chinese language and culture. Reading will help them acquire a "feel" for the language and allow them to practice using the authentic short sentences in actual conversations.

Meanwhile, reading the materials adapted using HSK vocabulary will help enhance the student's learning of the corresponding vocabulary and grammar in actual context rather than relying on mechanical recitation, preparing for HSK test, therefore becomes easier and fun at the same time. Current records show that students who have completed reading HSK level 3 get to pass 100% with 80% of them score high in their tests. And for those who completed HSK level 4, they would pass 100% with 92% of them scoring fairly high scores. The reading series therefore have been very well received by the students.

Lastly, the series also allow students to become better familiarized with characters and more punctuation sensitive. Most important of all, the reading process will help the students build confidence in their ability to learn Chinese and increase their sense of achievement. This will certainly grow their interest in the language as well.

This series of reading materials consists of nothing but the essence of long time firsthand teaching experience from our numerous top-notch instructors.

1. Based on surveys among our past students from 100+

countries, we selected topics that students are familiar with, in urgent need of and also are interested to learn. The wide array of topics include traditional cultural stories, myths, legends, historical anecdotes, ancient moral stories, biographies, business stories, tips for daily life, travel guide, etc., in addition to original stories by SN Mandarin instructors and other TCFL related modern life stories and stories of foreigners in China. The reading materials cover pretty much every aspect of daily life. The everyday expressions and vocabulary used in the materials are a very close reflection of daily life.

2. The compilation of Level 1 reading materials strictly follows the vocabulary of HSK 3 (600) plus another 200 frequently used words in beginning level text books, making a total of 800 words (all of which are basic vocabulary) total. The progressive and repetitive use of vocabulary and the bilingual annotation of new vocabulary ensure that students can read through a piece of material without being interrupted.

Level	Level 1：HSK3	Level 2：HSK4	Level 3:HSK5	Level 4:HSK6
HSK Vocabulary	600 words	1200 words	2500 words	5000 words
No. of characters	8000–10000	10000–12000	15000–30000	30000–50000

3. Simple yet authentic expressions in the books ensure the authenticity of the acquired language through such reading. The captivating stories included in the materials are all carefully

carved out of rich and flavorful personalities or anecdotes with sound logic to capture the readers' full attention. The included materials have all been meticulously edited by professional TCFL instructors to cater to the reading habits and proficiency level of foreigners, thus making them both easy and fun to read.

4. Pinyin is deliberately removed in these books to help students get over their reliance on Pinyin while reading. Meanwhile, English introductions are added to make sure students can understand the materials. Illustrations are also added to help make the materials easier to understand as well as to add to the appeal of the books.

5. The addition of background information to stories included in the books allows students to understand the stories in cultural contexts, thus effectively improves beginners' lack of cultural understanding in actual communication.

6. A dedicated writing team ensures the timely and periodical publication of new reading materials. This reading series encompasses 3 levels of HSK vocabulary and are subdivided into 4 groups based on the vocabulary used in each set: Level 1 (600 words), Level 2 (1,200 words), level 3 (2,500 words) and level 4 (5,000 words). 3 new books will be made available quarterly to make sure students at different levels have something new to read.

7. The reading series come in both combined and individual version. The books are published as story collections.

These books can either be used as extracurricular reading materials or as reading materials to review and enhance learnt vocabulary and grammar. They are just as good for one to learn the language in a self-taught fashion. Readers can refer to the content summary on the back cover of each book to decide on what they are interested in and whether the book matches their level.

Level 1 are generally for those how have learnt Chinese for a least half a semester (HSK 2 or above); Level 2 are for those who have learnt Chinese for over a semester (HSK 3 or above); Level 3 are for those with over 1 year's learning (HSK 4 and above) and Level 4 are for students who has a Chinese vocabulary of at least 2,500 and above.

And here's to our beloved career of TCFL and our beloved students! Yanyan and her colleagues shall keep to their pens to craft out the best possible stories for our reading series: 356 days of Chinese: Everyday stories from Yanyan, for, every reader and book lover deserve a few great stories every day.

阅读指南 Reading Tips and Guides.

1，试着去看，理解而不是读出来。Try to skim and focus on understanding the general meaning, instead of reading it aloud.

2，要将前后几个句子放在一起看，不能只看一个句子的意思。Focus on the general understanding of a paragraph not just a single sentence.

3，每个段落阅读完成后再检查不认识的字。Check the new vocabularies after reading the whole paragraph. Don't stop reading to check up the vocabularies.

4，图片可以帮助你理解和猜测。You can guess the meaning with the pictures clue.

5，当你确认了所有字的发音和意思以后，请你再读一遍。Read it again when you confirm the pronunciation and meanings of all the words.

6，请你用电脑或者手机将文章打出来，可以帮助你更好地利用这本书，提高你的汉语水平。We encourage you to type the passages on the computer or your phone, to make the best use of the reading materials to improve your Chinese.

如果你做了上面的所有事情，你会记得90%的你读过的汉字，所以你读得越多，记得越多。

If you follow the above guides well when you read, you could remember 90% of the Chinese characters you read. The more you read, the more you will remember.

如果你在理解上有任何问题，请给我们发邮件或是在网上联系我们，我们会很乐意给你回复。

If you have any questions, please feel free to contact us online or by email. We would be very happy to help and reply. Email:info@snmandarin.com

目　录

《苹果在哪儿》简介

Annie, a ten-year-old American girl, came to China with her parents. They live in an old but very beautiful house which is close to a park. Their house is in the French concession area of Shanghai.

Annie studies in an American primary school where she met her best friend, Hyland, a lovely Japanese girl. Annie often invites Hyland to come to her home. They always have fun together.

But an odd thing happened. apples often disappeared and nobody knew where they had gone. Annie is trying to find the missing apples...

苹果在哪儿？

安妮 是美国人，她 10 岁了，她和爸爸妈妈住

在中国上海。爸爸妈妈在上海工作，安妮在上海学习。她

在一个美国小学学习 Shanghai American School 。安妮家在"法租界（Fǎ zū jiè，

French concession）"。他们住的是老房子，房子

很漂亮。房子外边是小花园，还有一个公园也在他们家旁

边。安妮的房间有一扇窗（Shàn chuāng），她常常看窗外

的树，窗外有很多很多树，非常漂亮。

安妮很喜欢吃苹果。她每天都吃苹果。这个星期三，

安妮没有去学校，她发烧了。爸爸去上班了，妈妈也不在家。桌子上有四个苹果，安妮没吃，她睡觉了。

妈妈回家了，安妮在睡觉，桌子上没有苹果了。妈妈很高兴，她想，安妮吃苹果了！太好了！妈妈给安妮喝水，安妮喝了水，想吃苹果。"妈妈，苹果在哪儿？"安妮问。"你没有吃苹果吗？"妈妈问。"四个苹果都在桌子上呢！"

"我没有吃苹果，我在睡觉……"安妮说。安妮想，苹果呢？谁吃了苹果？妈妈也想，谁吃了苹果呢？

安妮不知道是谁吃了苹果，妈妈也不知道是谁吃了苹果。晚上，妈妈给了安妮两个苹果，安妮吃了一个。她说："明天再吃一个。"

第二天早上七点，安妮起床了，桌子上没有苹果了。"妈妈，妈妈，我的苹果呢？"安妮问妈妈。妈妈也不知道苹果在哪儿。

安妮想："昨天晚上，我吃了一个苹果，还有一个苹果在桌子上 。现在找不到苹果了。苹果在哪儿？"安妮说："妈妈，昨天晚上，你给我洗了两个苹果，我吃了一个，还有一个。但是，现在那个苹果在哪儿？"

妈妈说："是不是你吃了两个苹果？"安妮说："我只吃了一个苹果。"

妈妈说："那个苹果在哪儿呢？是不是不在桌子上，在冰箱里？"

妈妈看了看冰箱里 ，没有苹果！

那个苹果在哪儿呢？是安妮的爸爸 吃了吗？但是，不对，安妮的爸爸昨天晚上没有回家。是阿姨吃了 吗？但是，阿姨也没有来。谁吃了苹果呢？苹果在哪儿呢？妈妈和安妮想。

下午，安妮的朋友海兰 来看安妮。海兰是日本人。她和安妮一起在美国学校学习。她们是好朋友。安妮的妈妈给她们

洗了一些水果 。安妮和海兰去洗手 。回来以后，水果没有了 ……水果呢？谁吃了水果？

安妮和海兰都没有吃水果，她们都不知道水果去哪儿了。海兰帮安妮找水果找了一个下午，也不知道水果在哪儿。安妮的妈妈也找不到水果。但是，水果在哪儿呢？为什么没有了？谁吃了水果？

星期五早上，安妮好了。她六点半起床，她想去学校。妈妈给了她一杯牛奶和一个三明治 。牛奶和三明治在桌子上，安妮去刷牙 。刷牙以后，安妮想吃三明治喝牛奶。但是，三明治呢？牛奶呢 ？

"妈妈，妈妈！你快来！你看看，我的三明治没有了！牛奶也不能喝了……"安妮张大嘴巴说 。

爸爸妈妈都来了。他们都不知道三明治去哪儿了。是小偷吗？不对，小偷不偷水果和三明治，小偷偷钱。也不是阿姨，阿姨不吃安妮的苹果和三明治。

是鬼吗？但是，世界上有鬼吗？爸爸妈妈和安妮都不知道是谁吃了他们的水果和三明治。

安妮爸爸笑了，他说："我知道了，我知道是谁吃了我们的东西！是老鼠！"安妮妈妈也笑了，说："对对对，我们住的是老房子，老房子里有老鼠！"

安妮不知道苹果和三明治是不是老鼠吃的。她去学校了，想了一天的苹果和三明治。是鬼还是老鼠吃的？安妮没有学习，安妮想的都是苹果、三明治，还有小偷、鬼和老鼠。

回家以后，安妮不太高兴。她想，苹果在哪儿呢？三明治在哪儿呢？

吃晚饭的时候，妈妈说："安妮，好好吃饭。晚上我们一起看看，是谁吃了你的苹果，好吗？"

晚饭以后，安妮读了读书，写了写作业，看了看电影，玩了玩电脑，到九点半了。安妮每天晚上九点半洗澡，十点睡觉。

"妈妈，妈妈，今天晚上我不睡觉了。我等小偷，或者鬼，或者老鼠。"安妮说。

爸爸妈妈和安妮一起等。

桌子上有一个苹果。他们坐在安妮的房间里，没有灯。

突然，进来一个小东西。那个小东西跳上了桌子……那个小东西在吃苹果。是老鼠！太好了！不是鬼！也不是小偷！是小老鼠！

安妮非常高兴，她知道苹果去哪儿了，她也知道三明治去哪儿了，老鼠吃了！

8

安妮看了看这只小老鼠，老鼠吃得很快。哦，还有两只小老

鼠　　！一共三只很小的老鼠！安妮想，我有三个新朋友了！

　　安妮在桌子上放好面包和蛋糕　　，睡觉了。她想，明天

面包和蛋糕就没有了……

　　第二天早上，安妮看了看桌子上，哈哈，面包没有啦　　！

但是，安妮没有问妈妈面包在哪儿。她知道！

　　你知道面包在哪儿吗？

《今天星期六》简介

Da Shan, an American, works in an American computer company. He recently relocated to their Shanghai branch. Xiao Mei is a beautiful Shanghai girl with long hair. She likes sports and helping others and had worked in America since her graduation.

Xiao Mei had just come back to Shanghai when Da Shan arrived in China. They met each other at Pudong airport in Shanghai. They fell in love with each other. A love story began this Saturday…

今天星期六

大山是美国人。他在上海工作。他是一个美国电脑公司的职员。他的公司很大，职员很多，有中国人、美国人、法国人，还有印度人。他们都很忙。他们都很喜欢他们的工作。

大山在这个公司工作三年多了，他来上海六个多月了。他常常加班。六个月以前，他到上海的第一天，在浦东机场认识了一个中国女孩子。这个中国女孩儿叫王小美。

大山等出租车的时候，认识了等出租车的王小美。那天，等出租车的人很多，王小美在大山的前边。大山给美国朋友打电话，说他住在南京西路明天广场 。王小美问大山："你也去南京西路吗？我们可以一起打车。"

大山和小美一起坐出租车到明天广场 。大山问了小美的名字和电话号码。小美是上海人，在美国工作，家在明天广场旁边 。

大山刚刚到中国，小美刚刚回中国，所以他们常常见面 。小美的英语很好，她帮了大山很多。大山很喜欢小美 ，他常常打电话请小美一起吃饭 。今天星期六 ，大山很高兴，他今天不工作，他早上七点起床 ，去和小美见面。

大山买了两个包子 ，一杯豆浆 。旁边有一个小花店 ，花店里有很多花，红色的，黄色的，白色的，都很漂亮 。大山买了一大束红色的玫瑰花 。

小美今天也不工作，她穿上运动鞋，蓝色的牛仔裤，白色的T恤长长的头发，真漂亮！八点二十分大山到了小美家。"早上好，小美！"大山说，"送给你！"

"哇！太漂亮了！谢谢你，大山！我非常喜欢！"

"今天我们要做什么？上海一日游？"小美问大山。

"你说吧！我都喜欢！"大山说。

"太好了！上海一日游！我们骑自行车逛逛！"小美说。小美和大山一起到了虹口区（hóng kǒu qū）。他们到了北外滩（tān），小美给大山在外白渡桥（bái dù qiáo）拍了几张照片。

他们去了虹口区霍山（huò shān）路。霍山路旁边有个犹太人纪念馆（yóu tài rén jì niàn guǎn），大山是犹太人。他们还看了看旁边的提篮桥（tí lán qiáo）监狱。他们来到了

"一九三三" 。"一九三三"在溧阳（lì yáng）路周家嘴（zhōu jiā zǔ）路，是上海的一个老房子，房子很有意思 。他们在"一九三三"的狠牛 狠牛 吃的午饭。午饭以后，他们在苏州（sū zhōu）河旁边走了走 ，他们去鲁迅（lǔ xùn）公园 了。

鲁迅公园很大，人也很多。他们看到很多人在公园里唱歌，跳舞 。也有很多孩子在公园里玩儿 。天气很好，生活很有意思。

大山很喜欢多伦（duō lún）路 。多伦路是一条小路，很安静，在四川北路旁边。小美给大山说了很多自己小时候的事 。小美奶奶家在虹口区，所以小美常常来鲁迅公园和多伦路玩儿，她很喜欢这两个地方 。

多伦路上有一个老电影咖啡店 ，很多年了。大山和小美在咖啡店喝了一杯咖啡 ，休息了一下。大山很喜欢这

个咖啡店。离开多伦路以后，他们一起去了豫 (yù) 园。豫

园人很多，有中国人，也有外国人。豫园里有很多人卖东西

，都是很中国很上海的东西。大山买了一个京剧脸谱（liǎn

pǔ），他很喜欢。小美买了一件旗袍，非常漂亮。他

们在豫园吃的晚饭，晚饭吃的小吃。大山吃的汤圆和生煎

，小美吃的年糕和臭豆腐。大山不明白，小

美为什么爱吃臭豆腐。大山吃了一个臭豆腐，哎呀，他非

常不喜欢臭豆腐！

晚饭以后，他们一起去了外滩。外滩的晚上很漂亮。

外滩的人真多，很多人都在拍照片。大山和小美一起拍了张合影

。小美说了很多外滩的故事，小美说，很多上海的

爱情电影、电视剧都在外滩拍。小美建议大山看一个电视剧——《上

海滩》。小美指着外滩旁边的和平饭店，告诉大山，

很多中国人都知道这个酒店因为这个电视剧。

晚上八点左右，他们一起去了田子坊（tián zi fǎng）。

田子坊也有很多卖东西的，大山觉得很有意思。他们在田子坊

买了一些小东西。

他们在田子坊逛了一个多小时，九点半左右，他们到了"法

租界"。他们一起在思南（sī nán）路散步，路两边有很

多树，很安静，很漂亮。大山很高兴，小美这么漂亮，

上海这么好，生活真美好！很晚了，他们还不想回家。他

们去了新天地，去了一个酒吧。大山看着小美，

他说，小美，我爱你！

小美也爱大山，她也看着大山，她觉得浦东机场真是个好地

方。他们在酒吧聊天聊到很晚。大山说了很多自己小时候

的事情，说了自己的爸爸妈妈。他们还说了很多以

后的事情。大山要学中文。大山在中秋节的时候去小美家

，小美圣诞节的时候去美国大山家。太晚了。他们一起回家。大山打的送小美回家。在小美家门口，大山亲了亲小美，小美回家了。小美觉得这是最棒的一个星期六！

小美躺在床上，想着大山，高兴地睡了。大山离开小美家门口，想着小美，高高兴兴地回家了。大山想，这是最棒的一个星期六！

《王小花的生活》简介

Xiao Hua is 19 years old and studying in Hebei University. She wants to be a Chinese teacher who teaches foreigners in the future. She really wants to work in Shanghai when she finished her 2-month internship at South-North Mandarin School. But her parents and elder brother all think working in Beijing will be more suitable.

Xiao Hua loves her family and her life in Hebei but she really misses everything she experienced in Shanghai.

王小花的生活

（1）王小花的家

王小花是河北石家庄 (shí jiā zhuāng) 人，她家在石家庄

石家庄
Shijia zhuang 。石家庄在中国的北方，北京的南边，黄河

的北边。

王小花家有四口人，她、爸爸、妈妈和哥哥

。她没有弟弟和妹妹，也没有姐姐。

她的哥哥叫王大海，22 岁了，是个大学生，在北京大

学学习。她很爱她的哥哥，她的哥哥也很爱她。王大

海学习法律，他以后想当律师。他学习很努力，他想去美国的耶

鲁大学 🛡Yale 学习法律。王大海喜欢学习，喜欢看书，喜欢看电

影🎬；王大海不喜欢运动🏃，也不喜欢出去玩儿。

　　小花的爸爸👨‍👶叫王老五，在北京打工，每年回家两次，

中秋节🌸和春节🏮。为了儿子和女儿有钱上大学，王老

五工作很努力。他每个星期工作六天，从星期二到星期天，

星期一休息一天。王老五以前喜欢喝酒🍺，啤酒和白酒都喜欢，

现在不喝了——工作太忙，钱也不多，王老五不喝酒了。王老五

现在最喜欢给儿子和女儿打电话📞，喜欢告诉同事，

儿子和女儿都是大学生！儿子是北京大学的学生！

　　小花妈妈👭是他们村的小学老师，姓马，人们都叫她马

老师。马老师是语文老师。她教了二十多年的语文，教了

三百多个孩子，儿子大海和女儿小花也是自己的学生，她很喜

欢老师这个工作。她每天上午去学校上课，下午在家休息

。她常常给在北京打工的老公打电话，也常常给上

大学的儿子和女儿打电话。她很爱他们的家。

小花家一共有六个房间 。爸爸妈妈一个房间，哥哥一个房间，小花一个房间 ，还有一个客厅 和一个厨房 。小花很喜欢自己的房间。

她的房间不大，但是很干净，一看就是女孩子的房间。房间里边有一张大床 ，墙上有一张世界地图 ——小花很喜欢旅行，她想去法国 、意大利 、澳大利亚 、美国 等很多国家旅行。床的旁边有一个床头柜 ，柜子上边是她睡觉前看的书 。柜子左边是一张电脑桌 ，电脑桌上有笔、本子和电脑 。书架在窗户旁边 ，上边有很多书，小花很喜欢看书 。小花很爱爸爸、妈妈和哥哥。

小花也很爱他们的家 。

（2）王小花的大学

小花十九岁了，在河北大学 学习，大二了。她学习对外汉语，以后她想当外国人的汉语老师 。

河北大学挺大的，有很多楼 ，还有很多花园和树 ，很漂亮。小花很喜欢她的大学。她常常在花园里读书 ，也常常和同学去图书馆上网 ，有时候也参加一些学生活动 ，她觉得大学生活很有意思。

小花住在学校宿舍里 。她们宿舍一共有八个人。她们都学习对外汉语。老大 20 岁，是青岛 (qīng dǎo) 人 ，很漂亮 。小花是老六。她们八个是好朋友 。她们常常一起吃饭，一起去教室，一起参加学校活动，一起去买东西 。小花每天早上七点起床，七点半吃早饭。早饭有时候是面包和牛奶 ，有时候是鸡蛋、苹果和牛奶 。她很喜欢喝牛奶，每天早上和晚上她都喝牛奶。八点她和同学一起去教室学习 。

上午他们一共四节课，都是很有意思的课，十一点半下课。中午

她们在食堂吃饭，米饭、面条、包子、饺子等，很

多吃的。

中午，小花喜欢去图书馆看书，有时候回宿舍睡觉。

下午两点上课，三点半下课。下课以后，小花有时候和同学去公

园，有时候去操场看男生踢足球或者打篮球。

有一个大三的男生，很高很帅，篮球打得也很好，小花觉得他

很有意思。小花很喜欢看他打篮球。下午五点半，小花吃晚饭

。晚饭以后，小花去给一个小学生上课。她教小学

生英语。小学生的家离学校不太远，小花常常骑自行车去。

七点到八点半，每天晚上一个半小时。她很喜欢这个小学生。

晚上九点左右，小花有时候洗衣服，有时候给妈妈打电话

。十点左右，小花洗澡，刷牙，准备上床休息。睡

觉以前，小花喜欢看半个小时的书。

小花很喜欢周末。周末她可以睡懒觉，睡到上午十点。

周末她不吃早饭。起床以后，有时候跟朋友去逛街，有时候去看那个大三的男生打篮球，有时候去超市打工，有时候去书店，有时候去公园，有时候去电影院看电影，有时候去别的大学参加晚会，也有时候坐火车回家。周末可以做很多事情，太好了！

哦，小花还有一个好朋友，但是不是女生，是男生。这个男生是小花的同学。他常常请小花一起吃饭，或者一起看电影。他也常常给小花打电话。很多人觉得他是小花的男朋友，但是小花觉得他是一个朋友。如果是男朋友，小花喜欢那个大三的男生，篮球打得很好……

（3）小花的实习生活

七月和八月，学校不上课，小花去上海实习了。爸爸妈妈都不高兴，因为上海离河北太远了。爸爸妈妈和哥哥都觉得

在北京 ▣ 实习好，离河北 ▣ 很近，离爸爸和哥哥 ▣ 也

很近。小花找了个上海的对外汉语学校，学校的名字是南北中文

▣ 。小花想，没有哥哥和爸爸的帮助，她也可以！她不想去北

京 ▣ ，不想让爸爸和哥哥帮助她。

这是小花第一次去上海。她坐了十八个小时的火车 ▣ ！

但是，小花一点儿也不累，小花觉得都很有意思。她在火车上认

识了几个西安外国语大学的学生 ▣ ，他们都去上海。他们不

是去实习，他们去旅行。小花和他们一起聊天 ▣ ，一起吃饭

▣ ，很快就到上海了。

火车从河北到上海，一共一千多公里，河北、河南、安徽

(ān huī)、江苏 (jiāng sū) 四个省，一共停了 16 次，最后是上海

▣ 。路过河南的时候，小花第一次看到了黄河 ▣ 。路过

南京的时候，小花第一次看到了长江 ▣ ！

小花觉得坐火车来上海真好！真有意思！

南北中文的 Annie 老师是小花的老师。她大大的眼睛，长头发，非常漂亮 。她是上海人，二十五六岁，是个妈妈，儿子九个月了，很可爱 。她的老公也是上海人 。小花很喜欢她。

小花一共在上海两个月，八个星期。第一和第二个星期，星期一到星期五，每天小花都和 Annie 老师一起学习，学习怎么给外国学生上课 ，学习怎么准备上课时候的东西，小花学得很认真 。从第三个星期开始，小花开始看安妮老师上课。安妮老师给一个韩国学生金太生上课 。金太生在三星公司工作 ，工作很忙，但是学习很努力。安妮老师教得非常好，也很认真 ，学生非常喜欢，学得也很快。小花觉得给外国学生上课真有意思。

小花常常在安妮老师下课以后，用汉语和金太生聊天 。

小花还和金太生一起吃了两次饭 ，一次吃了韩国饭 ，这是小花第一次吃韩国饭，小花觉得真好吃！还有一次，他们一起吃了北京烤鸭，这是金太生第一次吃北京烤鸭，他觉得北京烤鸭太好吃了！

小花还和外国学生一起参加了两次汉语活动。一次是她教学生包饺子，做火锅和做四川菜。学生们都很高兴，也都学得很认真。他们一起吃了很多饺子和火锅，还一起唱歌，跳舞，拍了很多照片。还有一次是她教外国学生打太极拳、写毛笔字、剪纸和拉二胡。学生们觉得小花太棒了，太极拳打得很好，毛笔字写得也不错，还会剪纸和拉二胡！小花告诉学生，她还会唱京剧呢！

在上海的实习生活真的很有意思。小花一共认识了 29 个外国朋友，有日韩的，也有英美的。他们都在南北中文学习汉语，都学得很好。

　　小花周一到周五努力实习，周末去旅行。她去过杭州 (háng zhōu) 和苏州 (sū zhōu) ，也去过周庄 (zhōu zhuāng) 和乌镇 (wū zhèn) 。她想，这是南方！河很多，水很多，桥很多，真漂亮！干净，安静，真好！

　　小花去过上海的很多地方，人民广场 (rén mín guǎng chǎng) 中山公园 (zhōng shān gōng yuán) 、世纪公园 (shì jì gōng yuán) 、七浦路 (qī pǔ lù) 七浦路 Qipu Road、七宝 (qī bǎo) 、朱家角 (zhū jiā jiǎo) 、豫园 (yù yuán) 、外滩 (wài tān) 等。上海不太大，但是人很多。中国的，外国的都有。上海的女孩子很漂亮，衣服都很好看 。

　　小花不太喜欢上海菜，但是很喜欢上海的小吃：生煎、锅贴、年糕 、臭豆腐 ……真好吃！

小花已经回到了河北大学 ，但是还常常想她的实习学

校和安妮老师 ，常常想她认识的外国朋友，常常想漂

亮的杭州西湖和漂亮的东方明珠，常常想好吃的韩国菜和上海小

吃……

《五年前的秘密》简介

Five years ago, Xiaohong, a girl from Nanjing, was beaten by her father because of her failure in the college entrance examination.

Angrily, she ran away from home and nobody had heard from her after she had gone. People all thought Xiaohong was murdered.

Ashan, who had been a secret admirer of Xiaohong, died all of a sudden after she left and he had been suspected of her murder.

Li Mingxing, Xiaohong's childhood friend, who worked in Shanghai, then met Xiaohong by chance while having a meal with his police friend Zhang Zhong. They were shocked that Xiaohong was still alive.

Li Mingxing decided to take Xiaohong and Zhang Zhong back to the village in Nanjing.

After this, the cause of Ashan's death, which was initially explained away as a suicide after he had been suspected of killing Xiaohong, was now under investigation...

五年前的秘密

　　李明星，今年二十五岁了，他的家在南京，去年他大学毕业了，现在他住在上海。上海离南京不远，坐火车一个小时就到了。他家有三口人，他们是爸爸、妈妈和他自己。爸爸工作，是老师。妈妈不工作，在家做饭。明星也工作，是一个警察。他很喜欢他的工作。

　　张中，今年三十岁了，他也是一个警察。他和明星都在上海工作。他跟明星一样，都喜欢打篮球，都喜欢踢足球，都喜欢喝咖啡，他们有很多一样的爱好。他们常常一起吃饭，一起打球，一起跑步，一起工作，他们是好朋友。

　　星期五晚上，明星和张中下班了，他们走路去饭馆吃饭。饭馆离工作的地方不远，附近交通也很方便。他们都喜欢去一家饭馆吃饭，这家饭馆叫兴旺饭馆。这家饭馆非常有名，饭菜非常好吃，还很便宜。附近的人都喜欢这家饭馆，都来这儿吃饭。

　　明星和张中要了米饭和牛肉，还要了两瓶啤酒。他们一边吃饭，一边聊天。他们一起聊上午的工作，一起聊漂亮的女服务员，一起聊新来的女老板，一起聊周末一起去打球……他们聊得很开心！

　　"你看！快看！那个女服务员是新来的吧？真漂亮！"张中说。

明星看了一下那个女服务员，说："哇哦！不错！以后要每天在这里吃饭了！"

张中一直看着那个女服务员，都忘了吃饭和喝酒了。明星又看了一下女服务员，真的很漂亮！高高的个子，有 1 米 75 吧，比明星还高。她瘦瘦的，穿着黄色的工作服，裤子是黑色的。她白白的，眼睛大大的，嘴巴小小的，鼻子高高的……但是，怎么觉得她是小红呢？怎么觉得她是自己村子里的小红呢？那个又漂亮又可爱的小红，那个好朋友？明星看着女服务员想。

小红觉得有人在看自己。她知道自己很漂亮，这几天来这里吃饭的人都喜欢看自己，但是……小红看到了明星和张中，他们俩不吃饭也不喝酒，一直看自己。

"咦"，小红想，那个男的是明星！是自己以前的同学明星吧！

小红走到明星和张中那里，"你是……你是明星？！"她问。

"小红！你是小红！你是小红吧？是不是小红？"明星看着小红，慢慢地说。

"李明星！你不认识我了？真是你！李明星！是我呀，李小红！你不认识我了？"小红高兴地说。

"但是，你不是死了吗？真的是你吗？李小红？"明星还是看着小红，慢慢地说。

"谁说我死了？我是小红呀！为什么说我死了？"小红看着明星，不明白了。

"五年前，你离开咱们村子，然后一直到春节也没有回家。

你也没有给你爸爸妈妈打过电话。你爸爸妈妈找了很多地方，一直没有找到你。后来，他们让警察帮助他们找，还是没有找到。后来阿山死了，警察说是自杀，因为阿山杀了你，所以他自杀了。"

"啊？怎么这样？阿山怎么自杀了？我是小红！我没有死，我很好呀……"小红慢慢地说，"五年前，我没有考上大学，我爸不太高兴，喝多了酒，打了我。我觉得没有面子，想离开家，想让爸爸知道，不上大学，我也可以生活得很好。我这几年没有

回家，是因为我觉得我还不太好，钱不多，工作也马马虎虎，还没有男朋友，还是没有面子……所以，我想等我有男朋友了，等我有钱了，我再回家……"

"怎么是这样？"明星说，"你怎么五年都没有给家里打过电话？不回家，也不打电话，你不担心爸爸妈妈吗？听说阿山杀了你，你妈妈每天都哭，你爸爸也每天都不吃饭……他们只有你一个孩子，你怎么可以五年不看他们呢？"

"你们认识呀！"张中看着这两个人说，"明星，这里人多，你们这么多年没有见面了，要不要一起找个地方聊聊？"

小红、明星和张中一起去了旁边的咖啡店。

在咖啡店里，明星和张中没有说话，他们听小红说了很多这五年的事情。五年前，爸爸打了小红，小红在村子旁边的山上哭了很长时间以后，就来上海了。在南京火车站，她看到了丁六。丁六、小红、明星和阿山都是小学同学。丁六没有上高中就去南京打工了。小红和明星都上了高中，但是明星考上大学了，小红没有考上。

小红哭着告诉丁六，自己要去上海打工，以后不回家了！丁六给了小红五百块钱，告诉小红，想家想爸爸妈妈的话，就给他打电话。

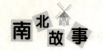

五年了，小红给丁六打过几次电话，没有听说阿山死了，也没有听说她自己死了。小红回过两次村子，但是没有回家，去了丁六家。她觉得还没有很多钱，所以不想和爸爸妈妈见面，觉得没有面子。所以，小红也不让丁六告诉爸爸妈妈，她在上海，她是服务员，她回村子了……

张中没有说话。

明星对小红说："你呀！怎么可以五年不回家呢！你爸爸妈妈……还有，我们都不知道你回过村子，打过电话，我们都以为你死了……"

小红看着明星和张中，哭了。她一边哭一边说："回家！明天就回家！"她想爸爸妈妈了！她要让爸爸妈妈知道，她没有死！她要问问丁六，为什么不告诉警察她没有死！阿山没有杀她！

张中想和他们一起去看看。张中先回家了，他从网上订了三张火车票，一共330块。一张给小红，一张给明星，一张给自己。

他给明星打电话，告诉他们，他买的是七点半的票——9 点以前

就能到南京。

明星送小红回家以后，洗了个澡，然后上床睡觉了。明星睡

得不太好，睡觉的时候都在想，为什么丁六没有告诉小红爸爸妈

妈？真的只是因为小红不让他说吗？为什么小红回村子两次，丁

六都没有告诉小红爸爸妈妈？警察说阿山杀了小红的时候，丁六

知道小红没有死，为什么没有告诉警察？阿山没有杀小红，为什

么自杀？阿山真的是自杀吗？明星想了一晚上，睡得不太好。

第二天，明星五点多就起床了，七点就到火车站了。他给爸爸妈妈打了个电话，告诉他们自己今天回家。他给丁六打了个电话，告诉他小红和他一起回家，他让丁六告诉小红的爸爸妈妈。

他们八点五十分到南京。又坐了四五十分钟的大巴，他们到村子里了。

小红看着村子，看着在村口接她的爸爸妈妈，又哭了。五年了！她第一次看到爸爸妈妈。

妈妈老了，爸爸也老了。爸爸妈妈都有白头发了。爸爸妈妈都哭了。

丁六也在村口接小红。丁六上学的时候，学习不太好，没有

上高中就去打工了。村子里的人都不知道他做什么工作。小红离

开村子的第二年，丁六一下子有了很多钱，人们都叫他丁老板。

这几个月，丁六和家人都很忙，因为他们要去加拿大了。听说，

丁六已经不是中国人了，现在是加拿大人。

小红和爸爸妈妈一起回家了。他们一起坐着聊天，哭了笑，

笑了哭，哭哭笑笑，不知道是高兴还是什么。小红没有死！爸爸

妈妈真高兴！小红回来了！爸爸妈妈真高兴！他们又有孩子了！

真高兴！但是，五年了！小红瘦了，高了，漂亮了……爸爸妈妈

瘦了，老了……

　　明星和张中没有去明星家。他们去了阿山家。

　　阿山的爸爸在家。他正在看阿山的照片。他告诉明星和张中，

看到小红回来，他真高兴！他知道阿山没有杀人！他一直相信阿

山没有杀小红！但是，大家都不相信他，警察也不相信他，都说

阿山杀了小红。现在，大家都可以相信了——阿山没有杀小红！

小红没有死！

　　但是，为什么阿山自杀了呢？

阿山爸爸看着阿山的照片问：孩子，你为什么自杀呢？你不是自杀，对吗？你没有杀小红，你怎么会自杀呢？

明星和张中让阿山爸爸想一想，在阿山死以前，有没有什么特别的事情。

阿山爸爸告诉大家，阿山很喜欢小红，所以小红离开家以后，阿山一直不高兴。他常常一个人去村子旁边的山上，常常去他和小红一起玩儿过的地方。他吃饭吃得比较少，也不喜欢和人说话了，常常一个人想小红，担心小红。

明星告诉张中，他们同学都知道阿山喜欢小红。所以小红的

爸爸妈妈找不到小红的时候，觉得阿山知道小红在哪里。警察也问过阿山，想知道小红在哪里。阿山死的时候，写了封信：

"对不起，爸爸，对不起，妈妈！对不起，小红爸爸妈妈！我走了，去找小红了。我对不起你们！"

然后阿山死了。

警察说阿山是自杀。

因为一直找不到小红，所以大家都觉得小红死了，觉得是阿山杀了小红。

但是，阿山说"走了，去找小红了"，可能不是说死了，去找小红了；可能真的是出去找小红了。但是，阿山死了，所以大家都觉得阿山说的"走了"，就是死了。所以说阿山杀了小红，可能是一个误会（wù huì，misunderstanding）。所以，阿山可能不是自杀。

那么，谁杀了阿山？为什么要杀阿山？

"阿山死以前常常和谁见面？"明星和张中问。

"丁六、王五、大头，还有几个别的同学。都是因为小红吧……

他们都是你、小红和阿山的同学。"阿山爸爸一边想，一边说。

"哦，对了，阿山有一次回家以后一直打电话，说什么在山

上看到很多钱。但是，我进去以后，阿山就不说了。我也没有多

想。然后他就常常和丁六、大头一起出去，每天都很晚回来。我

觉得是因为阿山想小红，可能是跟丁六、大头他们一起找小红呢。

谁知道……阿山就死了！他们还给我看阿山写的信，说是走了，

去找小红了……"

"哦，还有一次，晚上十点了，王五找阿山，说有人见到小红了。阿山已经睡了，但是又起来去看。我不放心，也在阿山后边去看。他们不知道我去，他们去的是丁六家。我看他没有去山上，就回家了。"

"阿山死以前，有几天睡觉睡不好，梦里一直说不要杀我，我什么都不知道，醒了以后，我问他，他说看了一个杀人的电影，没事的，让我不要担心，然后他就死了……"

"很多钱"、"我什么都不知道"……张中想，阿山不是自杀！有人杀了阿山！

是谁？五年前？五年前？五年前张中刚刚上班，有人从银行抢（qiǎng，to rob）了 6000 万，但是警察一直没有找到那个抢钱的人。这和阿山的死有关系吗？

张中觉得要回上海看一看五年前那个抢银行的案子。

明星跟张中一起从阿山家出来，他打算先回家，然后去丁六家看看。张中要马上回上海，找一找五年前的那个案子。

明星一边走一边想，丁六爸爸妈妈没有多少钱；丁六打工也

不可能有很多钱。大家都不知道丁六做什么工作，但是丁六现在

很有钱。丁六开了一家 KTV 和一家酒店。村子里的人都说，丁六

的钱是他爸爸的保险金。明星想，他爸爸什么时候买的保险？什

么保险能有这么多钱？

明星没有去丁六家，他去了丁六的 KTV。丁六看到明星过来

很高兴。他开了两瓶啤酒，跟明星一边喝，一边聊。他们聊小学

时候的朋友，聊小学的老师，聊以前他们一起踢足球，一起跑步，

聊了很多高兴的事。

　　他们五六年没见面了，丁六很高兴和明星喝酒，一直让明星多喝点儿，好哥们儿就应该多喝点儿！喝了四瓶啤酒以后，明星说不喝了，丁六说："哥们儿，明天我就去加拿大了，以后不回来了。再喝点儿吧！"明星慢慢地说："我已经喝多了……你明天去加拿大？你现在有钱了，去哪儿都行！我就只能在家，哪儿都去不了。"

　　丁六笑了笑："哥们儿，我有钱，但是这钱来得不容易啊……"明星知道丁六也喝了不少，他又问："哥们儿，说说！怎么不容易了？你的KTV一天就能来很多钱！"

　　丁六："那是现在！五年前，我还没有KTV的时候，我……"

丁六不说了。明星慢慢地说："你，你什么？"丁六："我去上海打工打了三年，所以才有钱开 KTV 了。"明星说："但是，你爸爸说你用了他的保险金才有钱的。"丁六觉得自己错了，又说："对对对！我没有打工，我用了我爸的保险金……"

明星喝了一杯啤酒，又说："不对！你爸爸没有买保险！你爸爸 5 年前没有买保险！"

丁六不喝啤酒了，他看着明星："你怎么知道？"

明星慢慢地说："5 年前，是阿山给了你很多钱！我已经都知道了……"丁六站起来了："你已经知道了？！你已经知道是我杀了阿山？又拿了他的钱？"

明星也站起来了，他看着丁六，什么也没说。

丁六知道自己说多了："明星，你真是个聪明的警察！你让我自己告诉了你，是我杀了阿山，"他拿出刀："但是，你今晚就死了，明天我就去加拿大！"丁六想拿刀杀明星。

明星啤酒喝多了，跑不快，丁六杀了他一刀。"救命！救命！"

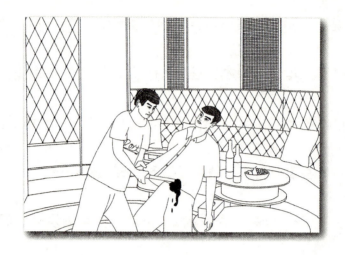

明星觉得自己要死了。丁六又要杀过来了！

这时候，阿山爸爸进来了，他用脚踢飞了丁六的刀……丁六跑了，往山上跑了。明星慢慢地告诉阿山爸爸："丁、丁六……杀、杀了……阿山……""我都听到了，我跟在你后边来的，我一直在外边，你不要说话，我马上送你去医院……"阿山爸爸送明星去医院了。

张中从上海回来了，他查了 5 年前的案子，发现抢钱的人去了南京以后，就找不到了。张中觉得抢钱的人应该在村里，和丁六有关系，他又想到，明星要见丁六，所以，他一查明白就回来了。他没想到丁六已经跑了……

第二天，明星醒了，他肚子很疼，他看了看，知道这是医院。

张中坐在旁边，高兴地说："你醒了！你没事了！"明星问："丁

六呢？他杀了阿山，他今天要去加拿大了！"

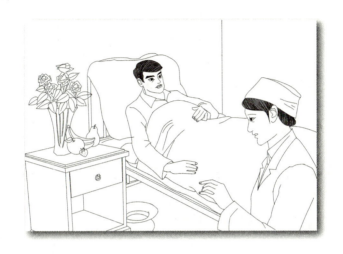

"喂，你好！"张中接电话，"什么？丁六死了？！有人杀

了他？……"

丁六死在了山上，有人用枪杀了他。

谁杀了丁六？

……

《老王的彩票》简介

    Lao Wang is a taxi driver. His work is tiring and he is always busy, but he loves his work. Many customers like to take Wang's car because he is always ready to help others and is very professional. He often works so hard that he forgets to have dinner.

    Lao Wang has a happy family. His wife is a teacher, his son is a doctor, and his daughter studies at Beijing University.

    Lao Wang had been playing the lottery for ten years. He bought two tickets every week and always chose the same numbers.

    One day, it seemed like he had won the lottery...

老王的彩票

王纪是北京人，今年四十八岁，他是出租车司机，朋友们都

叫他老王。

老王全家有四口人，他太太叫李秋月，是中学的语文老师，今年四十七岁。李秋月不太高，大大的眼睛，一看就是老师。他们有两个孩子，一个儿子和一个女儿。

儿子叫王帅，高高的，1 米 85，很帅。他很喜欢打篮球，他常常到家旁边的篮球场打篮球。

他今年二十三岁了，在医院工作。医院里的很多女护士都很喜欢他，所以他有很多女性朋友。

女儿叫王晴，今年二十岁。王晴不太高，瘦瘦的，白白的，大眼睛，非常漂亮。她现在在北京大学学习英语。她有很多同学，他们班一共有 38 个学生，但是，他们班只有两个男生。王晴又漂亮又可爱，但是她还没有男朋友。她喜欢看电影，她家附近有一个电影院，她每个星期都要去那家电影院看电影。她还喜欢上网聊天，常常跟朋友用 QQ 在网上聊天。

老王的工作很累，他常常一工作就是一天，没有时间吃饭。他有时候晚上工作，有时候白天工作。白天工作的话，他六点起床，六点半吃饭，七点上车，开始一天的工作，下午四点可以回家，一共工作九个小时。晚上工作的话，从下午四点到第二天上午七点，一共十五个小时，但是老王会在车上睡三四个小时的觉。

老王的工作又忙又累，但是他不觉得累，他很喜欢自己的工作，他喜欢每天开车去不同的地方，跟不一样的人聊天儿，知道很多不一样的事情。大家都喜欢坐老王的车，坐老王的车又快又方便，还可以聊天儿。很多人都喜欢坐老王的车，他们常常给老王打电话，要坐老王的出租车。下雨的时候，老王最忙，坐车的

人最多。

十月一号国庆节，是假期，人们都到外面去玩儿。很多人给老王打电话，要坐老王的车，老王非常高兴，也非常忙。老王早上七点开始送人，一直到下午四点下班，一共送了三十几个人。老王觉得有点儿累。

四点了，同事来了，老王下班了。他想先到银行取钱，然后去超市买东西，然后回家。

他在中国银行旁边看见一个彩票站，里边有很多人在买彩票。

老王也喜欢买彩票。他听说买彩票的钱都用来帮助中国足球了。

老王很喜欢足球，他想，一张彩票两块钱，每个星期四块钱，买吧！

这样，他可以帮助中国足球，又可能会中大奖！老王每个星期都

买两张彩票，买的都是一样的号码，买了十年了。

今天老王又在彩票站买了两张彩票。

彩票站东边是超市。老王在超市里买了三斤苹果、一斤香蕉、

四个面包和八瓶啤酒。过节呢！老王晚上不开车，可以跟家人一

起吃饭，喝酒！

回家以后，老王和妻子一起做饭。老王做了几个菜，红烧肉、

家常豆腐、小青菜、糖醋鱼、咖喱鸡等。他妻子做了面条，馄饨

和饺子——老王喜欢吃面条，儿子喜欢吃饺子，女儿喜欢吃馄饨。

妻子还洗了苹果，做了一个水果沙拉。

晚上六点半，儿子和女儿都回家了。老王打开几瓶啤酒，一

家人一起吃吃喝喝，都很高兴。他们一边吃饭，一边聊天。老王

和妻子问王帅什么时候带女朋友回家，王帅说工作很忙，没时间。

王帅问王晴有没有男朋友，什么时候实习，王晴用筷子打王帅。

孩子们告诉老王开车时也要好好吃饭！老王看着孩子和妻子，觉得很开心。

　　吃饭以后，王帅和王晴去厨房洗碗了。老王和妻子在房间里看了一会儿全家的照片。晚上八点，王帅在自己房间玩电脑游戏，王晴一边在旁边看哥哥玩电脑游戏，一边写东西。老王和妻子出去了。他们先一起去爸爸妈妈家看了看，然后散了散步。晚上十点，他们一起回家了。老王洗了澡睡觉了，他第二天要工作。孩子们

和妻子还在玩电脑，看电视。

　　十月五号，老王没有上班，在家休息。老王非常高兴。他八

点起床，吃了点儿早饭，然后去超市买了点儿菜。十点半，老王

回到家了。王帅和王晴都不在家。假期一共七天，孩子们差不多

七天都不在家。妻子也不在家，不知道去哪儿了。老王想，看会

儿电视吧，十一点开始做饭，等他们回家一起吃饭。

　　电视上在说彩票的事情。电视上说，这一期的彩票有人中了

两百万元人民币。老王想，不知道是谁中了这么多钱，真好。老

王想，中奖真好！那么多钱，可以做很多事情。他想，他中奖的话，

就换一辆新点儿的出租车，开着不累；还可以给家里买台新电视，给儿子买台新电脑，给女儿买新衣柜和衣服。但是，那么多人买彩票，中奖的只有几个，怎么可能都中奖呢。

想着想着就十一点了，老王开始做饭。他没看自己的彩票。他觉得中奖的人常常买很多彩票，他只买了两张，不可能中奖。

中午儿子、女儿、妻子都回家了，他们看老王做了那么多菜，都很高兴，一家人一起吃饭更高兴。他们喜欢一边吃饭，一边聊天。

老王说，不知道谁中了彩票，两百万呢！老王说，他真想中奖呀！妻子问老王，十月一号买的彩票怎么样，看了没有？老王说，没看！不可能中奖！别人买那么多彩票，自己只买两张彩票，怎么可能中奖！

王帅和王晴都说，看看吧！看看吧！万一中奖了呢！

妻子也说，看看吧！万一中奖了呢！

老王起来找彩票。但是，老王找了一会儿，没找到。彩票在哪儿呢？钱包里？没有！床头柜上？没有！彩票呢？

妻子和孩子们都说，不要急！慢慢找！他们让老王先想一想是什么号，有没有可能中奖。老王想了想，又看了看中奖的彩票号码，老王觉得可能真的是他中奖了！两百万元的大奖！

老王想马上看他的彩票。但是，彩票在哪儿呢？老王找来找去，找不到！

孩子们和妻子都说，不要急，慢慢找！但是老王真的想马上看一看，是不是真的中奖了！

王帅觉得是真的中奖了！两百万人民币！王帅太高兴了！他想，让老王给他买辆十五万的汽车！他开着车去旅行，还可以认识更多的美女！他还可以去美国看篮球比赛，去加拿大旅行！太好了！哈哈哈！王帅高兴死了！

妻子也很高兴！她觉得真的中奖的话，她要请很多朋友吃饭，买很多漂亮衣服，给王帅买辆摩托车，王帅就不用挤地铁上班了！还可以给王晴买台新的笔记本电脑！还可以给老王换辆新点儿的出租车，老王就不那么累了……

王晴太高兴了！他们班有个交换生的机会，可以去美国学习一个学期，但是需要二十万人民币！真中奖的话，就可以去美国学习了！哈哈哈！爸爸每个月买彩票，真是太好了！以后自己也要买彩票……

老王想，我买的是这个号吗？我的彩票在哪儿？中奖了？没有中奖？哎呀……

全家人找了一下午，也没有找到彩票！

全家人都很不高兴。李秋月问老王："买彩票以后，你去了什么地方？"老王说："买了彩票，我去超市买东西了，然后回家做饭，吃饭，看全家的照片。晚上去爸爸妈妈家，散步，洗澡，睡觉。"李秋月说："老王，我们再一起找找。"

一直到晚上，老王都没有找到彩票。

晚上十一点半了，他们还是没有找到彩票。

王帅觉得，可能老王这个月没买彩票。王晴觉得，可能老王没有中奖。妻子也说，别找了，睡觉吧。

老王觉得，不行，要找到！他真的觉得他中奖了！他也真的

想知道，他的彩票在哪儿！

十月六号下午四点，老王下班了。老王今天开车的时候一直

不太高兴，因为他一直在想彩票在哪儿。他一下班就去彩票站旁

边的超市了。他问售货员："十月一号，我在这里买了很多东西。

你有没有看到两张彩票？"

售货员说："对不起，我没有看到。"

老王自己去卖水果的地方找了找，水果都换了，和上个星期

不一样，他没看到彩票。老王又到卖面包的地方找了找，卖面包

的地方和上个星期一样，但是那里的人很多，老王也没找到彩票。

老王还去了卖啤酒的地方，还是没找到。老王知道，彩票不可能在超市里。但是，他还是想来看看。

李秋月在家里找了一天，她先去了厨房，厨房里有很多东西，她看了柜子上面，没有彩票；她找了桌子下边，也没有彩票；她看了厨房里的每个东西，她都没看到彩票。

她回到了房间里，在全家的照片里找，她看了家里的每张照片，还是没有找到彩票。

　　王帅和王晴去爷爷奶奶家找了一天，没有彩票。他们俩觉得，

老王可能真的没买彩票。但是，看到老王很想找到彩票，他们觉

得应该帮爸爸找。所以，他们在老王和妻子常常散步的地方又找

了很长时间，还是没有找到；他们从东走到西，从南走到北，看

了很多地方，问了很多人，还是没找到彩票。晚上八点，全家人

都回家了，大家都不说话。

　　妻子说，可能老王你真的没买彩票。

　　老王自己也不清楚了。老王想，可能太忙太累了，真的没买

彩票。

孩子们也说，唉，可能真的没买彩票。

老王觉得很不高兴。他说，可能他想买彩票，但是没有买……

他们都说，以后不说彩票的事情了！

十月二十八号晚上，李秋月在家打扫房间。她看见沙发下边有两张纸——可能是老王的彩票！李秋月拿出来看了看——真的是彩票！是老王买的彩票！

她给老王打电话，老王告诉同事家里有事，让同事帮他开车，他马上就回家了！

老王一到家就看到了桌子上的彩票！他买的那两张彩票！可

能中奖了的彩票!

他马上看了看他买的号码和中奖的号码!天哪!真的中奖了!有一张中奖了!真的是两百万!

妻子给王帅和王晴都打了电话。他们想一起去换钱。他们太高兴了——他们中了两百万的大奖!汽车!摩托车!旅行!笔记本电脑!新衣服!全都有了!

他们看了看日期——十月三十一号前!哎呀!还有两天时间!太好了!

他们多了两百万,可以做很多事情了……

《红色石头》简介

Linyue was a young girl studying in Beijing Foreign University. On her 21st birthday she was traveling to Harbin with her friends by train. On the train, she met an old man who was wearing a beautiful red stone.

The man told Linyue a beautiful love story about the red stone:

"Li Shan and Wang Qiu were childhood friends who loved each other. When they grew up Li bought two red stones, one for Wang Qiu and one for himself.

Later, Wang Qiu went to America because her parents didn't want Li Shan to be her boyfriend."

Do you think they would finally be together? How did this old man get this red stone?....

红色石头

    林月是一个北京女生，今年二十岁，在北京外国语大学学习英语。她个子很高，常常笑，喜欢去不一样的地方，喜欢跟不一样的人聊天儿，也很喜欢帮别人的忙，所以她有很多好朋友。

    林月二十一岁生日那天，她和她的好朋友一起坐火车去哈尔滨旅游。要过春节了，坐火车回家的人很多，林月她们没有买到卧铺，只能坐硬座了。火车上有很多人，有从北京来的，有从山西来的，有从山东来的，还有从上海和广东来的，还有很多没买到坐票的，这些人要一直站到哈尔滨。

林月旁边站着一位六十岁左右的老人，他个子不高，穿着白色的毛衣，黑色的裤子。林月让老人坐自己的座位，她在旁边站着。

老人坐下了，谢了林月，拿自己的苹果和香蕉给林月和她的朋友吃。林月她们也拿自己的面包给老人吃。林月看到老人的手

上戴着一块红色石头，很漂亮。

"您这石头是在哪儿买的啊？真漂亮！"她问老人。老人笑

笑说："这不是买的，是别人给我的，我给你讲个故事吧！"

以前，在一个北方小镇上，有一个男孩和一个女孩，男孩叫

李山，女孩叫王秋。李山家在小镇的北边，家里只有妈妈，没有

爸爸，李山不喜欢学习，他觉得学习没意思。王秋家也在小镇的

北边，爸爸妈妈都是英语老师，她学习很好。李山和王秋是邻居，

他们是好朋友，一直一起去学校，一起玩儿。王秋的爸爸妈妈和

学校的老师都不知道，李山喜欢王秋，王秋也喜欢李山。

6月，很多学生都去考试了，王秋也去考试了，她想去北京的大学学习。但是李山不想去上大学了，他没有去考试。

7月，成绩出来了，王秋考上了北京大学！中国最好的大学！大家都很高兴。

9月，大学开学了，王秋要去北京上学了。王秋的小镇离北京不太远，坐火车一天就到了，但是王秋的爸爸妈妈还是给王秋带了很多东西，跟王秋一起去北京。到火车站了，爸爸妈妈上车了，王秋还在下面，她在等李山呢。

李山来了，王秋很舍不得，她知道她和李山很长时间都不能见面了。李山对王秋说："开心点，等你放假了，我们再一起去

玩儿。"王秋还是不想上车，妈妈叫她上车，火车要出发了，要

关门了，王秋才和李山说再见，上了去北京的火车。

王秋走的第二天，李山也走了，他去南方工作了。每天晚上

李山都给王秋打电话，王秋的宿舍没有电话，电话在宿舍楼旁边，

每天晚上王秋都在宿舍楼外面，等李山给自己打电话，他们每次

都聊很长时间。王秋常常跟李山说学校很大，同学很多，老师很

有意思。李山常常跟王秋说南方的天气很湿润，和家里不一样，

南方的菜很清淡，也和家里不一样。

李山在南方的工作很累，常常早上 7 点起床，晚上 7 点才下班，

下班以后一定会给王秋打电话，他不想让王秋知道他很累，常常

跟王秋说一些高兴的事情。但是王秋还是知道了，她希望李山不要那么累，可以多休息，就常常给李山写信，少打电话了。时间长了，李山觉得他在南方，王秋在北京，离自己很远，但是怎么办呢？他那么喜欢王秋。

他也很担心，他担心王秋的爸爸妈妈不同意，担心他们觉得自己和王秋不合适，不让自己的女儿和他在一起。为了和王秋在一起，他白天去工作，晚上去一个学校学习，他觉得多学习的话，王秋的爸爸可能会同意他和王秋在一起。

李山和王秋还是常常晚上打电话。有一天，李山给王秋打电

话，电话一直没有人接，第二天，第三天，李山一直都找不到王秋，

李山想，王秋是不是生病了？他很着急。

　　他马上买了一张晚上的机票，去北京找王秋。他下了飞机，

给王秋打电话，还是没有人接，他打的去了王秋的学校。到了王

秋的宿舍下面，李山大声喊："王秋！你在吗？我来找你了！"

王秋听见李山的声音，很快从宿舍里跑到了李山面前。

李山有点儿不高兴，他问王秋："为什么不接电话？也不上网和我聊天儿，我担心你生病了呢。"王秋说："我没有生病，楼下的电话坏了，我也找不到别的电话，我给你写信了。你来了，真好，我太久没有看见你了。"李山听到王秋这样说也不生气了。

他给老板打电话，请了三天假，王秋也让同学帮忙请了假。

他们在学校旁边找了一个小旅馆，一天30元，他们觉得不贵，

李山就住在旅馆里。王秋每天早上 7 点起床去旅馆找李山，然后

两个人一起吃早饭，一起出去玩儿。

这是李山第一次到北京。第一天王秋和他一起去了故宫，长

城，王府井。故宫很大，长城很高，王府井有很多很多人。第二天，

李山和王秋去了秀水街，秀水街有很多有意思的小东西。在路上

他们看见一对很漂亮的红色石头，李山觉得王秋很喜欢，就买了，

一块给自己，一块送给了王秋，王秋很开心地笑了。

第三天，他们去了香山，香山的树叶都是红色的，非常漂亮，

李山和王秋照了很多照片，每张照片里他们都笑得很高兴。

北京的冬天很冷，但是他们不觉得冷，他们觉得只要在一起每天都很开心。他们也想和别人一样，能天天在一起，但是他们不能。如果李山不来北京，他们每年就只能见两次面，每次都只

能在一起几天。每次见面，他们都想让时间不要走，他们在一起的时间就能多一点，但是时间不可能停。

三天很快就过去了，李山要回去工作了，王秋很舍不得。送李山走的那一天，王秋哭了。李山对王秋说："不要哭，等我有时间了，再来看你！"王秋说："好！等我放假了，我们就一起见我的爸爸妈妈，告诉他们我们要在一起。等我毕业了，我们就结婚，不再分开。"李山笑着说："好！"就这样，两个人又分开了。

王秋在学校每天都等着放假，李山就白天工作，晚上学习，两个人还是常常写信，打电话。

时间就这样过去了，王秋放假的那天，李山很早就去车站等王秋。上午 10 点，王秋到了。她看见李山很开心，对李山说："我们走吧，去见我的爸爸妈妈。"

王秋的爸爸妈妈知道女儿要回来，就做了很多她喜欢吃的菜。王秋和李山坐了 1 个小时的公共汽车到了王秋家。爸爸妈妈看到王秋很开心，王爸爸看到李山，也笑着说："小山也回来了，好久不见，都这么高了。"王秋说："爸爸，李山是我的男朋友了，

等我毕业，我们就结婚。"王秋的爸爸没有说话。妈妈说："饿了吧，快来吃饭吧。"

李山走了以后，王秋跟爸爸妈妈在客厅里一边吃水果，一边聊天儿。妈妈问了很多学校里的事情，王秋告诉妈妈，学校很漂亮，老师都很好，她有了新的朋友。她还告诉妈妈，李山常常给她打电话，他们常常聊天儿。

王秋爸爸知道李山家里没有爸爸，只有妈妈，学习也不好，也没有去大学学习；自己的女儿又高又漂亮，学习又好，大学也很好，以后的工作也很好，他觉得李山跟自己的女儿不合适。他问王秋："你真的要和李山结婚吗？"王秋说："是啊！等我毕业了，我就和他结婚。"

爸爸不高兴了，说："我送你去大学，是让你去学习，不是让你去找男朋友。你找男朋友也可以，但是你为什么要找李山？他没有去大学学习，也没有钱，你为了什么啊？"

王秋说："他没有去大学，您不也没去大学吗？妈妈也和您结婚了啊，她也觉得很好啊！"爸爸听见王秋这样说非常不高兴，他说："我不会同意你们结婚，你一定要和他分手！"

爸爸不让他们见面，王秋每天都哭，但是她爸爸不同意，也不让她出门。王秋告诉爸爸，李山是一个很好的人，现在也在一边学习，一边工作，他们以后会很好的。王秋告诉妈妈，李山每天都很累，但是一定会给她电话，她不接电话，李山就坐飞机到北京去找她，他们一定要在一起。

爸爸没说什么，但是还是不让王秋出门，妈妈每天都和王秋一起吃饭，一起聊天，一起看电视，但是不让王秋给李山打电话。

李山这几天都不太高兴，王秋回家了，但是李山还是见不到王秋，他给王秋打电话，王秋不接，王秋也不给他打电话。为什么会这样呢？

一个星期了，李山没有跟王秋见面……两个星期了，王秋还是没有给李山打电话。李山想找王秋，但是担心王秋和爸爸妈妈有什么问题。一个月了，李山觉得他一定要去找王秋。

李山去王秋家里找她，王秋爸爸说王秋去国外了，不会回来了。李山想这不是真的，王秋说要和他结婚，不会去外国的。他问王秋家附近的人，他们都说王秋走了，去国外了。他问以前的同学，她们也说王秋走了。他到北京的大学，大学的老师也说王

秋去国外了。

王秋真的离开了，李山不知道为什么，但是他觉得王秋以后会回来，他会一直等王秋。李山想，王秋回来的时候一定会很优秀，他想让自己更优秀，这样他们才可以在一起。

他回到南方，每天好好工作，每天学英语，还去大学学习怎么做生意。几年后，他开始做生意了。

十年后，李山又回到了这个小镇，他去找王秋。王秋的爸爸让他到了客厅，李山在客厅没有看到王秋，只看到了王秋的黑白照片。

王秋不在了！！！

王秋的爸爸告诉他，十年前，王秋同意先去美国三年，三年后，如果王秋还想和李山在一起，李山也想和王秋在一起，那他就同意他们在一起。但是在美国的第二年，王秋生病了，先是感冒，她不想吃药，只是喝了很多水。但是她一直都不舒服，等她去医院的时候，医生也不知道怎么办了。她回中国三个月后就走了，走的时候手里还拿着一块红色石头。

　　李山拿着王秋的红色石头，看着自己手上的红色石头，一边想他的王秋不在了，他怎么办呢，一边走出了王秋家。他走到小镇的中间，那个他和王秋常常去的小公园里，他在公园里坐了很久很久。第二天他回南方了，公园里的树上挂着两块红色的石头。他告诉他的朋友，红色石头在一起，他和王秋就在一起。

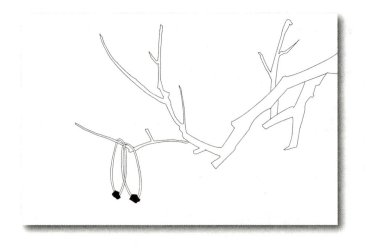

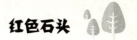

　　"我结婚的时候，朋友给了我这两块石头，现在一块在我这，一块在我妻子那儿。"

　　林月听了这个故事，又看了看那块红色石头，觉得它更漂亮了。

　　故事结束了，火车也到哈尔滨了，林月开始了她们的旅行。她会找到自己的那块石头吗？

《花木兰》简介

Hua Mulan is a heroine who took the place of her father and joined the army. Her story is described in a famous ancient Chinese poem known as the Ballad of Mulan.

According to the Ballad of Mulan, the Emperor of Northern dynasty gave the order to gather recruits for the army to ward off incursions by the Mongolian enemy. Her father was sworn to this duty so he could not refuse his Emperor.

However, her father was so old that he could not fight and she didn't have any brothers who could go in his place. So Mulan decided to disguise herself as a man to join the army instead of her father....

花木兰

（1）花木兰的家

花木兰出生在公元412年，她出生的时候正是冬天，天气很冷，

房间里边也很冷。她妈妈很累很累，已经睡了。花木兰大声地哭，

一定是因为太饿了！大家都没有吃饭，因为没有钱买吃的东西。

花木兰哭了一会儿，就睡了。爸爸去邻居家借米了，等爸爸回来他们有米做饭了。姐姐忙着照顾刚刚出生的花木兰。虽然天气很冷，也没有饭吃，但是大家都很高兴——他们家有两个孩子了！现在他们家一共有四口人了。花木兰的妈妈睡得很好，她也睡得很好很舒服。

爸爸回来了，带着借回来的米和邻居们送的鸡蛋。爸爸和姐姐看着花木兰和她妈妈，很高兴地开始做饭。有了鸡蛋和米饭，她妈妈就有奶了，花木兰就可以喝奶了。天气还是很冷，但是房间里面一点儿也不冷了。家里多了一个孩子，又多了一个希望！虽然很忙，很累，生活也很难，但是花木兰的爸爸妈妈觉得，一定会变得更好！

（2）快乐的小时候

很快花木兰已经七八岁了。他们家又有了一个孩子——她的弟弟。但是弟弟还很小，所以她是爸爸现在最喜欢的孩子。花木兰是一个非常聪明的女孩子，她很喜欢读书。爸爸给了她很多历

史书，她读了很多有意思的历史故事。花木兰最喜欢看打仗的故事。花木兰和别的女孩子不一样——很多女孩子喜欢玩"过家家"的游戏，做衣服，做花，穿漂亮的衣服；但是花木兰不喜欢这些，她喜欢练习武术和骑马。她每天都和爸爸一起骑一个小时马。她每天早上起床都很早，差不多五点半就起床了。她先跑步跑两个

小时，再练习两个小时武术，十点多才吃早饭。早饭当然不是牛

奶和鸡蛋，也没有牛肉和蛋糕，只有最简单的粥和馒头。每天下

午她都和爸爸一起骑马，他们家后来有了一匹红色的马，很高，

很漂亮，跑得也很快。花木兰骑马骑得非常好。他们每天只吃两

顿饭，午饭和晚饭一起吃。一千五百多年以前的中国人，差不多

每天都只吃两顿饭——因为粮食不多，不能每天吃三顿。花木兰

和家人一起生活得很简单，很安静，但是很快乐。

（3）坏事情来了

花木兰已经十五岁了，长得很漂亮。她很喜欢笑，很热情，常常帮助别人。她长得很高，可以帮妈妈做很多事情。除了厨房里的事情，别的事情她都会做。她不喜欢做饭，但是常常帮助妈妈打扫房间，帮助弟弟锻炼身体，帮助爸爸喂马。她还参加过骑马比赛。她想和历史书上的英雄一样，她希望自己能帮助更多的人。

突然有一天，她爸爸做完事回到家，看起来特别不高兴。她妈妈问了她爸爸很多次，她爸爸都不说话，不回答为什么不高兴。晚上很晚了，爸爸不睡觉，也不说话，只是安静地坐在一把很旧

的椅子上。花木兰很爱他，她想让爸爸高兴一点儿。但是怎么才能

让爸爸高兴呢？她还不知道爸爸为什么不高兴呢！花木兰很担心爸

爸，也很着急。她一边在房间里帮助妈妈给弟弟做衣服，一边想办

法。她知道，她一定可以帮助爸爸，因为她是爸爸最爱的孩子。

（4）去还是不去

终于，爸爸告诉她不高兴的原因了。因为旁边的小国（匈奴）

总是来他们的国家抢东西和女人，所以他们的皇上很不高兴，要

和这个小国打仗了。每家都要有一个男人去打仗。但是花木兰的

弟弟太小了，才十二岁，爸爸又太老了，快五十岁了。怎么办呢？

他们家只有两个男人，没有别的男人了。爸爸真的很难过——如

果爸爸去，一家人怎么办？如果弟弟去，弟弟太小了！怎么办呢？

知道爸爸为什么不高兴以后，花木兰努力地想办法，最后她

觉得她有一个好办法了！她去！她觉得她可以去打仗！她可以穿

男人的衣服，像一个男人一样去打仗！她把自己的"好办法"告

诉了爸爸。爸爸没有说话。爸爸想了又想，觉得应该有更好的办

法吧。真的只能让女儿去打仗吗？真不放心呢！但是，如果女儿

不去打仗，还有别的办法吗？爸爸真的很难过，他不想让女儿去打仗，但是他又没有更好的办法。

"木兰，如果你去打仗，要离开家，你觉得可以吗？"他问。"当然可以。我是您的女儿，我可以做很多事情的，爸爸你放心吧！"木兰勇敢地说。"打仗的时候，外边很黑，还可能会下雨，会刮风，冬天会很冷，夏天太阳很大，会很热，饭也不好，睡觉也要和很多男人在一个房间里，很不方便，你觉得你可以吗？"她爸爸又问。木兰看着爸爸，点了点头。

"好孩子！你可能需要爬山，需要骑马，需要和敌人打仗，还可能会死，这些你都敢吗？"爸爸要哭了，接着问木兰。木兰告诉爸爸："我都敢！我都知道，但是我都敢！我要去打仗，为了我们的国家，也为了爸爸、弟弟和我们的家！爸爸，我可以打仗，我一定不会死的！"

妈妈真的不同意木兰去打仗。木兰告诉妈妈，她一定要去打

仗，因为爸爸已经老了，应该在家休息；弟弟太小了，还不能打

仗；她不能让爸爸和弟弟去，所以一定要她自己去。妈妈看着木

兰，张了张口，但是没有说话，哭了。后来，妈妈没有别的办法，

也同意木兰去打仗了。

　　木兰决定去打仗了。妈妈和爸爸都哭了，弟弟和姐姐也都担

心地哭了。但是木兰没有哭，她笑了，因为她觉得她终于长大了，

可以帮助爸爸，帮助家人和帮助更多的人了！

（5）花木兰要离开家了

爸爸妈妈同意木兰去打仗以后，木兰就开始准备她的东西了。

她没有买新衣服，但是她买了一匹新马，红色的新马，又高又漂

亮的新马。她还给马买了马鞍和马镫，让马跑得更快一点儿。她

给自己买了一把刀。爸爸妈妈、弟弟和姐姐都帮助她准备了很多

东西：有吃的东西，有喝的东西，有一件姐姐最喜欢的衣服，还

有几块弟弟最爱吃的糖。木兰真的要离开家了。邻居也送了一些

东西给她。一个邻居还送给她一些药，让她生病的时候可以吃药。

大家都哭了。花木兰也哭了，不是因为难过，是因为大家的关心

和爱。她想，她一定要努力打仗，要把那个小国家的坏人都打跑，让邻居们再也不担心有人来抢东西。花木兰一共带了两个包，一个包里面是打仗要用的东西，一个包里面都是家人和邻居给她的东西，是大家的爱。

一个秋天的早上，花木兰起床以后，先跑步，再练习武功，然后和家人一起吃早饭。蓝天，白云，太阳也很好。花木兰骑在漂亮的大红马上，带着两大包东西，看着远方。邻居和家人一直送她到很远的地方，花木兰终于骑着马离开家去打仗了……

（6）去打仗的路上

有一天在饭馆吃饭的时候，花木兰遇到了一个也要去打仗的

人，他是个年轻的男孩子。这个男孩子就是花木兰在打仗的十二

年里最好的朋友，他叫贺廷玉。当然，贺廷玉不知道花木兰是女的。

他们一起吃饭，然后一起离开。

他们一起爬山，一起帮助路上遇到的生病的老人和孩子，还

常常把自己的饭给别人吃。他们这样走了一个多月，天气开始变

冷了，还下雪了。真冷呀。他们一边努力走得快一点儿，一边想

办法让自己晚上住在房子里。常常是花木兰找房子，贺廷玉找吃的

东西和火。他们还遇到了从那个小国家来的抢东西的坏人。花木兰

和贺廷玉都很生气，他们走得更快了，他们想早一点到打仗的地方。

　　他们来到黄河边上。黄河的水又黄又多，黄河的对面就是打

仗的地方。他们在黄河边上住了一晚，他们都可以听到对面马叫

的声音和打仗的声音。明天就要过黄河打仗了。花木兰听着打仗

的声音，想着远方的家人和朋友，一直到很晚都睡不着。她的朋

友贺廷玉也一直睡不着。天不太黑，还有月亮。他们看着天上的

月亮，一起说自己的家人，一起看家人给他们带的东西，一起想

远方的家人，他们知道家人也一定在想他们……

（ㄋ）十二年

第二天，他们很早就起床了，吃饱以后就骑马到了打仗的地方。

下雪了，雪很大，他们不知道敌人在哪里。花木兰很聪明，

她和贺廷玉一起看地图，一起找敌人可能去的地方，一起想办法

打好仗。第一仗，花木兰就带着大家打赢了。很长时间以来，大

家都不知道木兰是女的。但是，花木兰的打仗生活真的很不容易！

她常常需要偷偷地去离住的地方很远的河里洗澡，也需要穿一种

很特别的衣服，让她的胸看起来不像女人。睡觉的时候，她也要

注意不让别人发现她是女人。有时候她真的很担心别人会发现她

是女人，所以她就更小心了。对花木兰来说，最难的不是打仗，

是不让别人发现她是女人，因为那个时候，女人只能在家做饭做

衣服，不能出去打仗。

　　花木兰真的是一个很聪明的女孩子。几年过去了，没有人发

现她是女人，而且她还被提升（tí shēng, to promote）了，因

为她武术很好，也读过很多书，知道很多打仗的方法，打赢了很

多很多仗，特别聪明。提升以后，木兰更勇敢了。她经常根据敌

人的打仗情况和生活习惯跟敌人打仗。贺廷玉一直和花木兰一起，

帮助花木兰更好地跟敌人打仗。他们是特别好的好朋友。敌人都

不敢和花木兰打仗。敌人听到花木兰的名字就不敢来打仗了。花

木兰和贺廷玉都是很有名的将军！

她一共打了 12 年仗。最后，他们终于把敌人打回了自己的

小国家。他们的家人和朋友都可以放心地生活了，不需要再担心

敌人来抢东西了。他们决定离开打仗的地方，回自己的家。

（8）和皇上见面

都结束了。仗打完了，也打赢了，他们完成了皇上让他们做

的事情，他们终于可以回家了。

爸爸妈妈身体怎么样？弟弟是不是已经长得很高了？姐姐也一定有孩子了吧？花木兰想。她偷偷地拿出来姐姐送给她的衣服，真漂亮！已经十二年了，她一直带在身边，但是一直没有穿。回家以后，她就可以穿这件漂亮的女孩子的衣服了。花木兰想着就笑了，真不知道穿上姐姐送的衣服以后，这些打仗认识的朋友会不会认识自己。

他们先去皇宫见皇上。他们告诉皇上很多打仗的故事。皇上非常高兴，他给了花木兰和她的朋友们很多钱，他还想请花木兰帮助他教更多的人打仗。但是花木兰没有要皇上给她的钱，也没有同意帮助皇上教更多的人打仗——她太想家了！她只想马上就能骑马回家，然后换上她漂亮的裙子，高高兴兴地和爸爸妈妈一起生活！

皇上很生气，也很奇怪为什么花木兰不同意帮助他。花木兰笑着换上了漂亮的裙子，皇上明白了——花木兰其实是女的！最后，皇上同意花木兰回家了。

（g）回家

花木兰骑着她离开家以前买的那匹老红马（这匹马已经老了，

但是还是很快）回家了。她远远地就看到爸爸妈妈都在外边等她，

还有她的弟弟，已经长高了！街道两边有很多邻居，都是人——

英雄（yīng xióng，hero）花木兰回来了！他们的英雄女儿花木

兰终于回家了！

花木兰下了马，站在马的旁边。她的爸爸妈妈看着英雄一样的女儿，穿的还是打仗时候的衣服，都不敢认了。爸爸妈妈慢慢地走到花木兰面前，花木兰再也不能等了，她一下子就抱住了她每天都想的爸爸妈妈，哭了。大家都哭了，但是都很高兴。

花木兰到自己的房间去换衣服了。她的房间和以前一样，很干净，也没有变化。她妈妈每天都帮她打扫房间。她换上了姐姐送给她的漂亮裙子，看着镜子里的自己，真不能相信这个女孩儿打了十二年仗！

花木兰从房间里出来了。她很多打仗的朋友都像不认识她一样地看着她——他们一起打仗十二年，没有人发现花木兰是女孩子！她打仗的时候，武术像男孩子一样好，比男孩子还聪明，但是她其实是女孩子！勇敢的花木兰其实是女孩子！大家都不敢相信这是真的。但是花木兰真的是女孩子！

贺廷玉最高兴了，他一直都觉得自己很爱花木兰，但是因为以为花木兰是男孩子，所以他一直没有告诉花木兰。现在，他知道花木兰是女的了，他应该可以告诉花木兰了吧……

（10）快乐地生活

其实花木兰一直都知道贺廷玉喜欢她。她也挺喜欢贺廷玉的。

他们一起打仗打了十二年，每天都一起吃饭，一起休息，一起打仗，

早就有感情了。花木兰把贺廷玉介绍给她的家人和朋友，她的家

人也很喜欢这个勇敢的将军。

几个月以后，花木兰和贺廷玉结婚了。皇上也让人给他们送

了结婚礼物，祝他们生活快乐。

花木兰和贺廷玉一起生活了很多年，他们有了几个孩子。他

们的身体都很健康，生活习惯都很好，每天都坚持锻炼身体。花

木兰死的时候已经九十多岁了。

花木兰是中国历史上很有名的一个女英雄。中国人都知道这个女英雄的故事。孩子、老人和年轻人都很喜欢花木兰的故事，也都很爱花木兰。

《梁祝》简介

There are several folk love stories that everyone knowns in China. The Butterfly Lovers, which is set in the Eastern Jin dynasty (265-420CE), is one of them. Its Chinese name, Liang Zhu, is named after the surnames of two lovers.

Liang Shanbo (梁山伯) is a young man from a literary family who have slowly lost their social standing. And Zhu Yingtai (祝英台) is a young lady from a wealthy family.

Although women are traditionally discouraged from taking up scholarly pursuits, Zhu manages to convince her parents and starts her journey to a school disguised as a man.

On the way there Zhu meets Liang. They chat to each other and realise that they will be classmates. They spend the next three years together at school. Zhu gradually falls in love with Liang. But Liang is a bookworm and fails to notice the love from his 'sworn brother'.

Zhu has to go back home when she receives a letter from her father, strongly asking her to return home as soon as possible. She gives Liang a betrothal gift and asks him to visit her residence to marry her 'sister'.

Months later, Liang pays a visit to Zhu and discovers the truth, as well as his love for Zhu. But Zhu's father has arranged for her to marry a man from a rich family.

Liang is heartbroken and his health gradually deteriorates. He dies before Zhu's marriage. Zhu flees from the wedding procession to visit Liang's grave.

She begs for the grave to open up, which it does, and throws herself into it without hesitation. Their spirits turn into a pair of butterflies and fly together from then on. Since then, butterflies became a symbol of true love in Chinese culture.

梁　祝

你喜欢蝴蝶吗？在中国，男女老少，几乎没有不喜欢蝴蝶的。

大家都很喜欢蝴蝶，一是因为蝴蝶很漂亮，还因为蝴蝶在中国和

一个爱情故事有关系。这个爱情故事几乎人人都知道，这就是梁

山伯和祝英台的故事。我们一起读读吧。

第一章　祝英台想读书

1600 多年前，河南（hé nán, a province）有一个地方，祝英台就在那个地方生活。祝英台家比较有钱，他们家一共有八个孩子，她有七个哥哥，她是家里最小的孩子，而且是唯一的女孩。

英台很漂亮，也很聪明，而且非常喜欢读书。她的爹娘都非常爱她。

英台家有一个老师，她的七个哥哥们和这个老师一起学习。

她有时候偷偷（tōu tōu, secretly）看他们上课，有时候自己学习。

那个时候，人们都觉得女孩子不应该学习，她们应该结婚，生孩子，然后照顾她们的家和孩子，听丈夫的话，就可以了。

虽然英台家有老师，但是她爹娘也没有让她学习，因为她是女的。英台一直都不明白——为什么只有男孩子才能学习呢？

哥哥们长大了，都离开家去学校读书了，他们家也不需要老师了。英台特别想和哥哥们一起去学校，她特别想学习！但是爹娘都不同意——那个时候，只有男孩子才能去学校。

英台每天都对爹娘说："我要去学校读书！"虽然她爹娘很爱她，但是他们一直都不同意。

她娘常常说："女儿啊，女人不需要学习！你为什么一定要

学习呢？读书有什么好的？你努力嫁（jià，to marry）个好人家，

嫁人最重要！"

爹娘都不懂她。她心里很难过，什么事情都不想做，吃饭也

吃得很少。但是，英台觉得一定会有办法的！她一定要去学校！

终于，她想到了一个办法：穿着哥哥的衣服去学校！穿男孩

子的衣服，看上去是个男的，这样的话，应该可以去学校了吧？

英台穿着哥哥的衣服去找爹娘。爹娘都以为英台是个男孩子。

英台说："爹，我穿着哥哥的衣服去学校，好吗？你看，你

和娘都没有看出来我是女的！学校离家很远，老师和同学们都不

知道我是女的！您就让我去吧！"英台的爹看了看她，想了想，

没有说话，回自己的房间了。

他的七个儿子都不太聪明，英台很聪明。如果英台去读书，

以后可以帮助他。但是，英台是女的！她以后要嫁人！怎么办呢？

他几乎一晚上都没有睡觉，在房间里走来走去，想了很多。

最后，他觉得就让英台试一试吧。她只有十四五岁，应该没

有问题。

但是，在学校，谁照顾她呢？如果同学知道她是女的，怎么

办呢？

天亮了，英台穿着哥哥的衣服等在她爹房间外边，看上去就

是个男孩子。

"如果你真的想去，那就去吧！"爹走到门口，看着英台慢

慢地说。

"但是，你必须穿男孩子的衣服！而且，你不能让人知道你

是女的！如果有人知道你是女的，你就马上给我回家！"她爹

又说。

英台高兴地跳了起来："没问题，您放心！谢谢爹！太好了！

说完就跑走了。

第二章　要去学习了

杭州有很多有名的学校，英台的哥哥都在杭州学习，英台也要去杭州。

英台要去学习了，她高兴极了！想着可以和男孩子一起学习，还可以比他们学得更好，她就非常高兴！她找了很多书和学习要用的东西，每天都很忙，也很高兴。

她娘也帮她准备了很多东西。衣服——真多呀！春天的，夏天的，秋天的，冬天的。都是男的衣服！都是给英台新做的男的衣服！她还给英台准备了很多笔和本子。还有很多英台爱吃的东西。英台看着娘准备的东西，不知道说什么了！"娘，您真好！您放心吧！我一定会照顾好自己！而且，哥哥们不都在杭州吗？您放心吧！"

以前有钱人会找小男孩来照顾他们的儿子，找小女孩来照顾他们的女儿，男孩子就叫书童（shū tóng，a boy

serving in a schlar's study），女孩子就叫丫鬟 (yā huan,
maidservant）。英台也有个小丫鬟，她们常常一起玩儿，关系
非常好。

为了让娘放心，英台去学校的时候，还带着她的小丫鬟。当然，
丫鬟也穿男孩子的衣服。

终于要去学校了！去学校的那天，英台非常高兴，但是她
爹娘都很担心，娘还哭了："在学校要好好吃饭！好好照顾自
己！""嗯！爹娘都放心吧！"英台也哭了。丫鬟也哭着说："我
一定会好好照顾小姐的！"

英台和小丫鬟走了！她们都穿着男的衣服，一看就是两个帅（shuài, handsome）男孩儿。

已经是三月了，很多花都开了，树叶（yè, leaf）也绿了，还有很多小鸟飞来飞去，真开心！虽然有点儿担心爹娘，但是外边这么漂亮，而且在家也不能真的帮助爹娘，英台觉得能离开家，到外边看看，去学校学习，真好！

这是英台第一次离开家，她和小丫鬟看着路边的花和鸟，一边走，一边聊天，开心极了。

第三章　突遇梁山伯

她们走了一个月了，还没有到杭州。刚开始的时候觉得很有意思，边走边玩；一个月过去了，她们觉得除了累还是累，真想马上到杭州！

这一天，她们走路走得又累又饿，突然下起了大雨。前边不远的地方有一个亭子(tíng zi ,pavilion)。她们向亭子那边跑过去。

"哎呀"，英台叫了一声，发现自己一头撞（zhuàng，to hit）了一个人——她一看，是个男的！还很帅！"不好意思，不好意思！"男孩客气地说。英台的脸马上就红了，"是我不好意思！"英台边说边低下了头。

英台的"小书童"和一个不认识的书童都过来了。

英台和"小书童"坐在男孩子和书童的对面（duì miàn，

opposite）。英台偷偷地看着那个男孩子，大大的眼睛，白白的，

比自己的七个哥哥都帅！她第一次见到这么帅的男孩子！看上去

还很爱学习，那么多书……比自己的哥哥都好！

男孩子看着英台，想到：衣服很漂亮，看上去很贵，应该是

有钱人的孩子！眼睛很大，应该很聪明。老师说得真对，到学校

以后会遇到更多的聪明学生，所以一定要努力！

"你的衣服都湿了，换一件吧！"男孩子想帮助英台。英台

突然脸红了，说："没关系，没关系！"她有点儿不好意思地说，

"我不用换衣服。"男孩子一边换衣服，一边说，"还是换一下吧！

衣服都湿了！"英台不敢看男孩子，红着脸说："不换就不换，

你怎么那么多话呢？"

　　男孩子不知道英台是女的，所以才觉得英台换衣服没关系。

但是英台不换，男孩子也没有多说，又问，"你是去读书吗？""是。"

英台就说了一个字。"请问你去哪儿读书？"男孩子又问。"杭

州。"英台说。"我也去杭州！我叫梁山伯，你呢？""祝英台。"

英台不敢多说话，怕被听出来是女的。"你是哪里人？"山伯又问。

"河南人！你怎么那么多问题？""小书童"帮助英台问。

　　"对不起，对不起，我也是河南人。我们一起走吧。"

　　他们一起去杭州。英台发现，和梁山伯一起走很有意思——

他知道很多事情！几乎没有他不知道的！英台觉得山伯真棒！

几天过去了，英台不觉得累了，也不觉得远了，真想和梁山伯一直这样走下去，她想。

梁山伯也觉得和祝英台一起走真有意思。祝英台人很好，常常在买饭吃的时候，帮梁山伯和书童一起买；祝英台对问题的看法和他对问题的看法几乎一样；他们总有说不完的话。

后来，在快到杭州的时候，祝英台和梁山伯结拜兄弟了。

第四章　在学校

终于到杭州了！终于到学校了！他们四个都非常高兴。学校

不太大，但是学生不少——有的一看就是有钱人的孩子，有的看

上去比较普通。

山伯家没有什么钱，他爹已经死了很多年了，他娘要帮别人

做很多洗衣服、做饭一样的工作，才有一点儿让山伯来读书的钱。

山伯学习很认真。他知道自己的学习机会不容易。他想好好学习，

以后可以有好的工作，好好照顾娘。

所以，没有钱的山伯选择了一个不太好的房间住，因为这个

房间比较便宜。

　　英台和山伯一路上过了那么多天，她觉得山伯是个很好的同学！而且，山伯一直没有发现她是女的，所以，她想和山伯住一个房间！可能这是最不容易被发现是女孩子的办法。但是，她真不想住这种不好的房间。唉！好吧，英台想，为了和梁山伯一起住，就住这样的房间吧。

　　就这样，英台没有和有钱人家的孩子一起住，和山伯住在了一起。

　　几天过去了，英台发现，虽然房间不太好，但是一直都很干净。山伯很喜欢打扫房间。山伯还很爱学习。常常是英台还在睡觉的时候，山伯就已经起床学习了。英台起床以后，山伯还会大声读

书！英台觉得真不错！她很喜欢和山伯一起住。

除了住以外，在教室上课的时候，英台也喜欢和山伯坐在一起。虽然同学们都是有钱人的孩子坐在一起，钱不多的孩子们坐在一起，但是，英台不喜欢，她只喜欢和山伯坐在一起。

在教室里，大家都发现了——梁山伯是他们同学中最聪明的！每次老师问问题，他都是第一个回答！而且每次都回答得对！老师最满意的学生就是梁山伯！他们每天要上很多课，有书法（shū fǎ，handwriting）课、画画课什么的，他们要学习很多以前名人（míng rén，famous people）写的书。山伯学习非常努力，是最好的学生。英台是他们班除了梁山伯以外，最好

的学生，她也很努力。

有时候下午下课以后，他们跟同学们一起踢足球。虽然山伯学习很好，但是踢足球踢得不太好。虽然英台是女的，但是她比梁山伯等很多同学踢得都好，除了马文才。马文才足球踢得不错，是一个有钱人的孩子，他想和英台住一个房间，但是英台没有同意，和山伯住在了一起，所以他对山伯很不好。他常常找山伯一起踢足球，然后笑山伯踢得不好。英台很生气，不喜欢和马文才一起玩儿，但是山伯总是说，都是同学，没关系，让英台不要生马文才的气。

晚上虽然不用上课，但是他们经常在房间里学习到很晚才睡觉。特别是快要考试的时候，山伯经常看书看到很晚，有时候英台看书看得都睡着了，山伯还在看书呢。他们比别的同学更认真更努力，所以他们的考试成绩都很好。山伯总是第一名，英台总是第二名。

第五章　他？她？

很快三年就过去了。山伯一直都对英台非常好，英台也对山伯非常好，他们是最好的同学和朋友。三年里，英台病过几次，每次都是山伯照顾她——有一次，山伯为了照顾她，三天三夜都没有睡觉，也没有去上课！后来，英台的病好了，山伯累病了。英台想，山伯真好！如果他不是同学，不是朋友，是未婚夫，不知道会不会更好？但是，山伯不知道英台是女的……

三年里，马文才也一直对英台很好。英台生病的时候，他还送了很多很贵的药，他还常常给英台送礼物。当然，英台都没有要。

142

但是，马文才对别的同学都不太好，为什么只对英台那么好呢？英台一直觉得有问题……

这三年里，英台一直都特别小心，她每次洗澡都要等大家都睡觉了以后洗；她去洗澡的地方离学校也比较远。她说话的时候也像男的。应该没有人知道她是女的。

其实，英台不知道，他们学校有两个人一直知道她是女的。一个是她的老师，一个就是马文才。英台爸爸在英台来学校以前，就告诉老师了，让老师帮忙照顾英台。

马文才知道英台是女的，是因为他认识英台的一个哥哥，英台哥哥不小心说出来了。马文才知道英台是女的以后，就喜欢上英台了。他觉得英台真漂亮！眼睛大大的，里边好像有水一样，头发又黑又亮，脸也白白的。他真喜欢英台！他觉得一定要让英台嫁给他，当他的太太！他用了很多办法，想让英台喜欢上他。但是，英台的眼睛里只有一个梁山伯！她只对梁山伯一个人好！

马文才很生气，自己又帅又有钱，比梁山伯好多了！为什么祝英台就是不喜欢自己？为什么祝英台只喜欢那个梁山伯？他一定要想办法，让祝英台嫁给他……

山伯不知道英台是女的，也不知道马文才喜欢英台，不喜欢自己。他常常对英台说："马文才也是我们的同学，你对别的同学都很好，也应该对马文才好一点儿。"英台真是不知道说什么好！"这个梁山伯！那个马文才一看就不是好人，对你也不好，还总想让我和他在一起，你都不知道吗？"英台想，"梁山伯，你……如果你知道我是女的，你应该不会让我对马文才好一点儿了吧？"英台觉得自己爱上山伯了，但是山伯应该没有爱上自己。

山伯不知道自己是女的！唉！英台常常给她的"小书童"说她和

梁山伯的事情，真希望梁山伯知道她是女的，真希望梁山伯也爱

上她了！

梁山伯学习一直是最好的，他觉得祝英台是自己最好的朋友。

但是，祝英台脸特别容易红，像个女孩子，哈哈。祝英台还不喜

欢同学们碰他。都是男同学，有什么怕的呢？这个祝英台，真有

意思！

祝英台一直在想，山伯，如果你知道我是女的，你会爱上

我吗？

第六章　真的再见了吗?

三年的时间很快就过去了，英台和山伯马上要离开学校了。

英台真不想和山伯分开（fēn kāi，to separate），想一直在一起！她想嫁给梁山伯！但是，梁山伯三年里都没有发现自己是女的！如果山伯知道自己是女的，会不会想让自己嫁给他？她一定要问梁山伯！她一定要问清楚。但是怎么问呢？让"小书童"先去试试？还是自己问？想得头都大了，也没有想到好办法。

梁山伯这几天心里也很不舒服。他很不想和祝英台分开。他觉得祝英台对他很重要。他觉得如果不能每天看见祝英台，他会很不舒服，虽然他知道英台是个男的……他就想一直和祝英台是同学，一直一起学习，一起生活。

英台和山伯在一起的时候，两个人都高高兴兴的，但是只有自己一个人的时候，都因为要分开了，很不高兴。

马文才非常开心！终于可以不用再看到梁山伯了！终于可以

让梁山伯和祝英台分开了！终于有机会和祝英台在一起了！

要回家的前两天，英台突然收到（shōu dào，to receive）

了家里的信。爹的信很奇怪，让她马上回家！英台很担心，决定

马上就走。

山伯看着准备回家的英台，觉得很难过，但是他还是笑着对

英台说："别担心，家里不会有事的！有什么我能帮的，一定要

告诉我。"

"嗯。"英台心里非常难过。

"什么时候走？我去送你吧。"梁山伯问。"明天一早，你

不去上课吗？"祝英台说。

"我……我想送你！"山伯不知道说什么。"你……好吧"，英台也不知道说什么。

一晚上，他们都没有睡好。天亮了。山伯送英台离开学校。英台知道这是最后的机会了——如果再不告诉山伯自己是女的，以后就没有机会了！

路上，英台看着路边的花问山伯："你看这花多漂亮，如果我戴（dài，to wear），漂亮吗？""你一个男人，怎么说这么奇怪的话？"山伯觉得英台怎么这么奇怪，想戴花？

他们走到河边，看着河水中的他们两个人，英台又问，"你看我们两个像不像夫妻（fū qī，couple)？""两个男人，怎么可能是夫妻呢？"山伯觉得可能英台太难过了，总是说很奇怪的话！

英台用了很多办法想告诉山伯——她是女的！但是山伯都不明白。

英台没办法了，说："我有一个妹妹，长得跟我一样，什么都跟我一样，我给她写信的时候常常说你。你愿意跟她见个面吗？我在家等你来。""真的吗？真的跟你都一样？那我一定要见她。我一定去。"梁山伯高兴地说。

山伯送英台，一直送了十八里地。他看着英台越走越远，一直到看不见了才回学校。

马文才一直都偷偷地跟在他们后面，他听到英台让山伯去她家，他决定要比梁山伯早到英台的家，他一定要让祝英台嫁给自己。

第七章　马文才的要求

英台到家以后，爹娘好像一下子老了很多，哥哥们也好像很不开心。怎么了？有什么事吗？

"爹娘，怎么了？怎么都不高兴？女儿回来了，你们不是应该很高兴吗？"英台笑着问爹娘。奇怪！以前每次她对爹娘笑，爹娘都很开心，都会笑。这次，娘哭了！

哥哥们告诉英台，他们家很快就没钱了！他们家遇到了一个大问题！

"英台你们都不要怕！"马文才边说边走进了英台家。"马文才？你怎么会在这儿？"马文才没有回答祝英台，他对英台的爹娘说："你们好！我是英台的同学，也是她三哥的朋友。听说你们家出事了，我过来看看。哦，我忘记说了，我爹是马太守（tài shǒu，prefecture chief in feudal China）。如果有什么我能帮的，就让英台告诉我。"

说起马太守，没有人不认识他。他在英台的家乡是最大的官（guān，officer）。他家非常有钱。

"是马太守的儿子呀，快坐快坐！"英台的爹马上让人准备茶和水果给马文才，"你是英台的同学？以后多来家里玩儿吧！"

"我们家的事不需要你，你回去吧。"英台生气地对马文才说。

"英台，怎么这样和同学说话？"英台的爹笑着对马文才说："这孩子，真是的！真是对不起！"

英台生气地看了马文才一眼，回自己房间了。马文才等英台走了以后说："我帮你们当然没问题，但是祝英台必须嫁给我！"

"这……"英台爹娘没敢马上同意。

"如果你不同意，那我就不帮你们，而且，我不帮的话，应该没有人敢帮你们。"马文才慢慢地说。

"但是……你……好吧！"英台爹同意了。

英台娘来到英台的房间。她高兴地说："好孩子，你读书真读对了！现在你跟马太守的儿子是同学！我们家不怕了！马太守的儿子告诉你爹，他要你嫁给他！你爹同意了！我的好孩子，你马上就可以嫁给太守的儿子了！娘真高兴！"

英台马上就明白为什么马文才一直对她很好，还要帮他们家了。但是，英台马上就想到了山伯！那个一直让她对马文才好一

点儿的山伯！英台觉得，山伯才是她要嫁的人！她告诉娘："我

不会嫁给马文才的！""好孩子，马文才家很有钱，他又喜欢你，

你嫁给他，他一定会对你好！他还可以帮助我们家！你就嫁给他

吧！"

"不嫁不嫁就不嫁！我死也不会嫁给他！"英台说。

爹进来了，看了一眼英台，对英台娘说："我已经同意了，

你去准备吧！让她自己想一想！"

英台哭着对娘说："我不嫁给他！我有喜欢的人，虽然他们

家没什么钱，但是他学习很好，以后一定会有钱的！"

"我的好孩子！女人最重要的就是嫁一个好人家。我们家比

较有钱，你爹不可能让你嫁到没钱的人家！你别哭了，还是想想

做什么漂亮的衣服，好好准备嫁给马太守的儿子吧！你嫁给马太

守的儿子，不比我们家的钱少，还可以帮我们，我和你爹都很高兴，

都放心了！"

　　英台看着娘，像看着一个不认识的人——在学校的时候，有

钱人和有钱人在一起，嫁人也是这样吗？她想，如果山伯也爱她，

她一定要嫁给山伯！就像在学校的时候，她一定要和山伯在

一起！

第八章　再次见面

英台的爹娘要英台嫁给马文才，梁山伯还在学校，想忙完以后就去英台家。

山伯离开学校以前，去看他的老师，告诉老师要去英台家。山伯说："英台让我一定要去他家，他有一个妹妹，和他一样，他要介绍给我。"老师发现山伯还不知道英台是女的。"山伯啊，你跟英台在一起住了三年，没有发现英台是个女的吗？"老师问。

"什么？英台是女的？不会吧？怎么会呢？"山伯想起送英台的时候，英台说的那些奇怪的话，才突然明白，原来那个时候，英台是想告诉他自己是个女孩子！他想着三年里，英台不喜欢同学碰他，从来不和他一起洗澡，总是偷偷地去洗澡，脸很容易红……因为他不是男的！因为她是女的！他太高兴了！他要马上去英台家。他一直希望英台是女的，他早就爱上了英台。

他好不容易到了英台家，但是没有见到英台。英台的娘不高

兴地看了他一眼："你就是梁山伯？""是。"山伯回答。"英台说你是她的好朋友，让我一定要告诉你，她要嫁给你们的同学马文才了。她很喜欢马文才，她最近不方便见你，你先走吧。"

梁山伯相信了英台娘的话，难过得要死。马文才！马文才在学校的时候对英台很好，马文才家也很有钱！他们两家都很有钱！嫁给他对英台也好！应该为英台高兴吧！但是，为什么这么难过呢？一边走一边想，一见到他的书童，他就倒在地上了！山伯病了！一下子就病了，还病得很厉害！他的书童不知道发生了什么事，觉得特别奇怪，怎么出去找英台的时候还很高兴，一回来就病了呢？

书童打算去英台家问问。他刚走到英台家门口，就看见英台的"小书童"走出来了。一问才知道英台要嫁给马文才了！才知道英台和"小书童"都是女的！才知道山伯找英台的时候，没有见到英台！

小丫鬟说："小姐不想嫁给马文才！小姐想嫁给你家公子！但是她爹娘让她必须嫁给马文才！怎么办呢？小姐这几天都不吃饭，身体也不好，我真担心她……"

"那怎么办？我们家公子也病了！你快想想办法吧！"书童很急，对小丫鬟说。小丫鬟也不知道怎么办。

英台已经好几天没吃饭了。马文才天天来问祝英台，什么时候可以嫁给他。英台不见马文才，不见爹娘，也不吃饭。

小丫鬟跟书童见面后，终于想了一个办法。她去找英台的爹娘。"我有办法让小姐吃饭！你们同意她嫁给梁山伯，小姐一定就愿意吃饭了！"

"我们怎么可能同意她嫁给梁山伯呢！"英台爹生气地说。

"这不是真的，是为了让小姐吃饭！等小姐身体好一点儿，还是让小姐跟马文才结婚。"小丫鬟说。

"好办法！但是，怎么让英台相信呢？"英台爹娘问。

"让梁山伯来看小姐，小姐一定相信梁山伯。""好！就这样吧！"英台爹娘没有别的办法，决定用这个办法试一试。

书童回去以后，告诉山伯英台不想嫁给马文才！英台想嫁给梁山伯！

山伯一听又高兴又着急，高兴的是英台真的喜欢他；着急的是英台好几天没吃东西了，不知道她身体怎么样了？他真想马上去看英台。

小丫鬟来了，她告诉山伯，英台的爹娘同意他们两个结婚了！也同意山伯去看英台了！山伯一听病都好了。

山伯去看英台了——英台躺在床上，像死了一样。看到山伯来了，英台哭了。

"英台，我来了！我要你嫁给我！你爹娘同意我们结婚了！"
山伯哭着说。

英台一听爹娘同意她和山伯结婚，病就好了一半。他们一起
说了很多话，然后山伯高兴地回去了。英台也开始吃饭了。

第九章　英台到底嫁给谁

山伯告诉娘他要结婚了。虽然他们家钱不多，房子很小，但是他把房子打扫得很干净很漂亮。山伯的娘也为山伯结婚准备东西。儿子终于要结婚了，她非常高兴。

英台一天天地好起来了。她终于可以起来走走了。

一天，她听丫鬟们说："马太守家真有钱！看看他送给小姐的东西，真多！他对小姐真好！"英台听了，觉得很奇怪——这是怎么回事？我要嫁给山伯，怎么马文才给我送东西呢？

她马上把小丫鬟带到了房间里。"你说，这是怎么回事？我不是嫁给梁山伯吗？""小姐……小姐，我不敢说……小姐你不要生气！我对不起你！"小丫鬟哭着说，"你嫁的是马文才。我不想看到你死，我也想帮你和梁公子。但是，我也没有别的办法，我只是想让你们见一面。对不起，小姐。"

"算了（suàn le，forget it），我知道你是为我好。我自己

160

都没有办法，你一个小丫鬟能怎么办呢？你说得对，我们见了一面。谢谢你。"英台知道已经没有办法了。她现在最担心的是山伯。山伯现在在准备结婚的事情吧？如果山伯知道爹娘没有真的让他们结婚，他会怎么样？他一定会非常难过！

跟英台担心的一样，山伯知道以后，因为太难过了，病了。

是马文才告诉了梁山伯。"梁山伯，在学校里，你学习比我好，祝英台也更喜欢你。但是我告诉你，你学习好没有用！祝英台喜欢你也没有用！她马上就要嫁给我了！哈哈哈！""什么？文才你在说什么？"山伯不相信马文才说的话，问他。

"我说祝英台马上要嫁给我了！祝英台是我的！你想跟她在一起，等我死了吧！哈哈哈！你放心，等她嫁过来，我一定会好好对她的！哈哈哈！"马文才大笑着走了。

英台的爹娘没有打算让他们结婚！为什么？英台啊，我们真的不能在一起吗？为什么？为什么？山伯越想心越疼，病了。

山伯的娘已经给他请了几个医生了，但是都说山伯快死了。山伯的娘每天都哭好几次。

英台非常担心山伯，她让小丫鬟找机会偷偷地去看山伯。小丫鬟到山伯家的时候，山伯已经病了两三天了。

英台听了，又难过又担心。她哭着找爹娘："我同意嫁给马文才！但是你们让我去看看山伯吧！我就看一眼！你们可以让人跟着我去。"

"不行！"爹娘都不同意。

"爹！娘！就看一次。"英台哭着说，但是爹娘都没有同意。

山伯，你怎么样了？对不起，都是我不好，如果你没有遇到我，你现在的生活应该会很好吧。山伯……

山伯每天都叫着"英台、英台"，人越来越瘦，终于有一天，他大叫了一声"英台"，然后就再也没醒过来。山伯死了……

第十章 终于在一起了

山伯死了几天以后，英台才知道。

但是很奇怪——英台没有哭，像突然变了个人，不想梁山伯了，还问什么时候和马文才结婚。她每天都高高兴兴的，把爹娘照顾得很好，跟哥哥们说说笑笑，对马文才也好多了。他们都觉得可能梁山伯死了，所以英台也死心了，愿意嫁给马文才了。

几天后，英台和马文才就要结婚了。英台说，去马文才家的时候，她想走经过南山的那条路。马文才想也没想就同意了。

结婚的前一天，英台试了试结婚穿的衣服。"我的女儿真漂亮啊！"英台的娘高兴地说，"明天你就要结婚了，以后娘不在你身边，一定要照顾好自己，照顾好文才。""娘放心吧。您最近都在忙我结婚的事情，累了，早点儿休息吧。"

英台等娘走了以后，找出来一件白色的衣服（在古代中国，死人的时候穿白衣服，结婚的时候，不能穿白衣服），"山伯，

对不起，一直都没有去看你。你想我吗？明天我就去看你。希望
我们可以死在一起，你一定要等我。"英台一边穿上白色的衣服，
一边对着天上的山伯说话。她知道山伯被埋（mái，to bury）在
了南山，所以她要走南山那条路。

　　结婚这一天，马文才很早就到了英台家。英台对爹娘说："以
后我不在你们身边，你们一定要照顾好自己，别太难过，别太想
我……"她又对哥哥们说："你们要照顾好爹娘！不要让他们生
气！"大家心里突然很难过，好像以后再也见不到英台了。"英
台啊……"英台娘哭了。

"快点儿快点儿，时间到了。"马文才很着急。英台走一步回一下头，大家把她送到门口。"再见了！"英台笑着对大家说。

轿子（jiào zi，sedan chair）经过南山，英台让停（tíng，to stop）轿，但是马文才不同意，"梁山伯埋在这儿了，我不会同意在这里停轿的！"

"你……停轿，我要下去！"英台大声说。

"不要停！谁敢停？哈哈哈，祝英台，你终于要是我的女人了！"马文才大笑。

这时候，突然天阴了，刮起了大风，风大得人都站不住。英台跳下轿子，向山伯的墓（mù，tomb）跑去，一边跑一边把外面的红衣服脱（tuō，to take off）了，她里面穿着一件白衣服。

英台哭着来到山伯的墓前，"山伯，我来了！我来晚了！我们终于可以在一起了。你等等我！" 英台一边哭，一边把自己的名字写在梁山伯的名字旁边。

风刮得更大了。梁山伯的墓突然打开了，英台看见墓开了，马上就跳（tiào，to jump）了进去，然后墓又关上了。

这时候天突然晴了，就像刚才什么事情也没有一样。马文才就这样看着祝英台跳进了梁山伯的墓里，但是他什么办法都没有。过了一会儿，从墓里飞出来两只漂亮的蝴蝶，它们先在山伯的墓附近飞来飞去，然后慢慢地一起越飞越远……

大家都说，从梁山伯的墓里飞出来的蝴蝶其实就是梁山伯和祝英台……春天的时候，如果你看到两只蝴蝶飞得很近，那就是梁山伯和祝英台啊。

《孝顺》简介

Filial piety is one of the most valuable virtues for Chinese people. Parents give us life and everything with great love. Chinese people always say that there is nothing a child can do to fully repay parents.

There are twenty-four Chinese folk stories about filial piety that have passed from generation to generation where readers can meet these twenty-four dutiful children. Readers will meet ten of them in this book.

What does a son do when he has no money to bury his father when he dies? How does a daughter react when a tiger bites her father and won't let him go? What would happen when a man cries in the snow because he needs fresh bamboo shoots to cure his mother but it does not grow in winter? Why would someone cry at a grave in a thunderstorm?...Readers will find out the answers here in this book.

孝顺故事

卖身葬父 (mài shēn zàng fù)

在很久以前的中国，有一个小国家，这个国家的人很多，但是有钱的人很少，很多人都不能吃饱。有一年，天气很热，一直没有下雨，人们没有水喝，没有饭吃，很多人都渴死、饿死了。

在这个国家，有一个年轻人叫董永 (Dǒng Yǒng)。他在很小的时候就没有娘了。他和爹爹一起生活，虽然他们都很努力地工作，但生活一直不好。董永的爹爹对他很好，关心董永的身体，把所有好吃的东西都给他，自己却不吃，他想让董永过得好一点。

爹爹还教董永读书认字，希望董永可以知道很多有用的东西。董永心里明白爸爸的这份爱和对自己的照顾，所以，他想用自己的努力解决生活的困难。可是，爹爹经常做很多事情，很累。今年，

他的爹爹突然生病（shēng bìng, to fall ill）了，但是，家里一点儿吃的都没有，也没有钱给爹爹看医生。最后，爹爹离开了，董永一想到爹爹对他的好，可自己还没有钱给爹爹看医生，也没有让爹爹过上好生活，就很难过。晚上自己一个人时，他常常哭很久。董永想埋葬（mái zàng, to bury）爹爹，可是家里没有钱。

董永去找邻居借钱，可是大家都没有钱。董永想了很多办法，都

没有借到钱。董永很难过，每天晚上都睡不着觉。最后有人告诉

董永，可以把自己卖给一个很有钱的人家，到这个人家做奴才（nú

cái,slave），努力干活儿，就可以挣钱，有了钱就可以埋葬爹爹了。

董永听了这个人的话，把自己卖给一个很有钱的人家，这个人家

的主人先给了他一些钱，他用这些钱埋葬了自己的爹爹。

　　董永在这个人家干活儿又苦又累。每天早上天还没有亮，他

就起床干活，天很黑了，才可以休息。他每天就吃一次饭，饭菜

也很不好。董永每天很认真努力地干活儿，有一天下午，董永正

在干活儿，发现树下有一个女子在哭。他走过去，看见这个女子

坐在树下哭，她的衣服又旧又破。董永走到女子身边，问她怎么了。

这个女子说她的爹娘都死了，她现在没有家了。董永觉得她和自己一样很可怜（kě lián，pitiful），就把这个女子带回家了。

两个人在一起生活一段时间后，董永喜欢上了这个女子，这个女子也喜欢他，所以，他们结婚了。每天，董永出去干活儿，妻子在家织布（zhībù, to weave cloth），董永晚上回到家，妻子就已经做好饭等着他了。第二天，董永把布卖了，用卖布的钱买别的东西。他们的生活很幸福（xìng fú,happy）。

　　有一天，董永干完活儿完回家，发现妻子在家等着他，但是

没有做饭，就问妻子怎么了。妻子告诉他说，自己是天帝（tiān

dì,the god）的女儿，是天帝看董永很孝顺 (xiào shùn, filial

piety) 爹爹，所以让她来帮董永。现在，她已经帮董永过上了好

生活，可以离开了。董永不想让妻子离开，但是他没有办法。最后，

妻子走了，他又自己一个人生活了。

弃官寻母 (qì guān xún mǔ)

　　在很久以前的中国，一个男人可以有很多女人，但是只有

一个女人是最重要的，叫作"妻"。其他的都不重要，不能叫

"妻"，只能叫"妾"。妻的权力（quán lì, power）很大，

妾都要听她的话。那个时候有一个人，他的名字叫朱寿昌 (Zhū

Shòuchāng)。他的娘只是一个妾，但是他的父亲只有他一个儿

子，所以父亲很喜欢他，对他的娘也很好。这样，父亲的妻子就

不高兴了，在朱寿昌 5 岁的时候，父亲的妻子把这个妾赶 (gǎn,

to expel) 出了家。朱寿昌的娘离开的时候对他说，她不能不走，

也不能带着他，她会往南走，去南方找自己的家人。从那以后，他和娘很多年都没有再见过面。

后来，朱寿昌做了大官（guān，officer），这么多年，他一直很想他的娘，也非常想找到她。所以他决定不当大官了，去找他的娘。很多邻居都对他说："已经这么多年了，你年纪也已经很大了，就别去了，行不行？或者，让别人去找吧。"朱寿昌说："不行，我一定要找到我娘，要是找不到她，我就不回来。"别人又说："你努力了这么久，才当了大官，现在突然不当了，多可惜（kě xī, regrettable）啊。"朱寿昌想了想，回答说："如果不能找到我娘，那么我当大官，有那么多钱，穿那么好的衣服，又有什么用呢？还是不会快乐的。"

很快，朱寿昌离开了家，去找他的娘。他一直往南走，走过了很多地方，见到了很多人。每次他到一个新的城市，都要问他娘的事。时间已经过去了好久，知道他娘的事情的人已经很少了。虽然走了很多路，很累也很辛苦，也遇到了很多困难，但是朱寿

昌要找到娘的决心（juéxīn,determination）一直没有改变过。

他没有想过要回家，也不知道还要走多远的路，还要用多长的时间，他只能不停地走，不停地问别人："你知不知道有个老太太，她有一个儿子叫朱寿昌，很多年前她离开了家，现在她的儿子一直在找她，很想和她一起回家。"很多人听了朱寿昌的话，都哭了，娘和儿子已经分开了那么多年，要想找到是一件非常不容易的事，他们都被朱寿昌感动了。他们知道，如果不能找到娘，那他一定会非常难过的。

　　一年以后，朱寿昌走到了一个叫陕州（Shǎnzhōu）的地方，遇到一个头发很白的老太太（lǎo tài tai,old lady）。他觉得这个老

人年纪已经很大了，也许会认识他娘，知道他娘在哪儿。朱寿昌

问那个老人："您知不知道有一个老太太，她差不多和您一样大，

很多年前，她离开了家。她有一个儿子叫朱寿昌，现在在找她回来。"

那个老太太看了朱寿昌一会儿，忽然哭了，她说："我就是多年

前离开家的那个女人，我认出（rèn chū, to recognize）你了，

你就是我的儿子朱寿昌啊！"朱寿昌又高兴又难过，找了这么久，

终于找到了娘。让他觉得难过的是，娘和儿子分开了这么多年啊。

虽然已经过了很多年，但是儿子终于找到了娘，娘也见到了

分开多年的儿子，这真是一件让人高兴的事！朱寿昌和娘一起回

家，家里面的人都很为他高兴。一家人又在一起了。

闻雷泣墓 (wén léi qì mù)

很久很久以前，有一个人叫王裒（Wáng póu），他很关心父亲和母亲的生活，心里常常想着他们。他的父亲是一个将军（jiāng jūn，general），叫王光，打仗（dǎ zhàng, to fight a battle）从来没有失败（shībài，to lose）过。他的父亲还很喜欢画儿，但是平时很忙，没有时间出去买自己喜欢的画儿。有一次，王裒出去读书，看到有人在卖画儿，那正是父亲一直想买的那张画儿，但是那张画儿很贵，要用完他所有的钱，当时他没有多想，马上就帮父亲买了下来，回家后送给了父亲，父亲很开心。白天父亲出去工作前，他会为父亲准备好所有需要的东西。他的母亲没有工作，在家里做一些事情，王裒平常会在家里帮母亲做饭。为了让父亲母亲喜欢吃他做的饭，他很认真地学习怎么把饭做得好吃，帮完母亲后，他自己还要找时间回自己的房间认真地学习。

王袅 15 岁的时候，他的父亲打仗失败了。皇帝知道这件事之后很生气，问王光："为什么会失败？"王光却指着一个大臣说："这不是我的错，都是因为他没有听我的话，是因为他太骄傲了。"那个大臣说："不是这样的，是因为王光怕被杀才这样说的。"其他大臣认为王光不是那样的人。但是，皇帝觉得都是王光的错，决定把他杀（shā，to kill）了。王袅知道父亲说的是对的，他想去找皇帝说明白，可是他见不到皇帝，他也不认识能见到皇帝的人。几天后，他的父亲真的被杀了。王袅知道父亲死了很伤心。王袅决定自己以后一定要成为将军，证明他的父亲是对的。

回家后他很难过地把父亲埋（mái，to bury）了。他和母亲住在墓旁边的一间小屋里，小屋旁边有棵（kē，a measure word）树，这棵树是他父亲以前种（zhòng，to plant）的，他和母亲每次看到这棵树就想起他们以前开心的日子，想着想着就哭了。想起他们以前开心的日子，他和母亲白天和晚上都哭得很

伤心。母亲身体也变得越来越不好了。父亲死后，母亲就很害怕

打雷（dǎ léi，thunder）。从这以后，不管王裒在做什么，只

要天气变得不好了，开始打雷下雨了，他就都很快地跑到母亲身

旁，告诉母亲说："不要害怕，我在你身边呢。"

有一次他出去打仗，战争刚刚结束，在他回家的路上突然打

雷了。他心里很着急，只想着快点回家，一不小心从车上掉了下来。

王裒摔得很重，但是他的嘴里还在说："母亲不要怕，我在你的

身边。"几年后，他的母亲也死了，他把母亲和父亲埋在了一起，

但是他也没有忘记妈妈害怕打雷，每次下雨，他都会马上跑去看

父亲母亲的墓。就这样，很多年过去了，很多人知道了这件事情，人们都被他感动（gǎn dòng，to move）了，都说他很孝顺（xiào shùn，filial piety）。

就这样又过了几年，有一天，天又下起了大雨，王裒很快地跑到父亲母亲的墓旁，很伤心地哭了。哭着哭着，雨突然不下了，他听见母亲对他说："你的孝顺感动了老天，杀你父亲的那个人已经下了地狱（dì yù，hell），我和你父亲也上了天堂（tiān táng，heaven），你以后就不用担心我们了。孩子，我们爱你。"

扼虎救父 (è hǔ jiù fù)

很久以前的中国，有一个小女孩儿，名字叫杨香 (Yáng Xiāng)。她很小的时候，母亲就死了，只有她的父亲照顾她。杨香跟着父亲一起长大，她知道父亲为了照顾她，为她做了很多事情，每天在外面做最辛苦的、别人不想做的事情，回到家还要给她洗衣服，做饭……所以她很听父亲的话，父亲让她做什么，她就做什么，她也学着做家里的事情，学着照顾父亲。

杨香的邻居们常常在她父亲不在家的时候帮着照顾杨香，杨香也很喜欢这些叔叔阿姨，他们会给自己好吃的，还会告诉自己很多有意思的事情。杨叔叔会一点儿功夫，他知道怎么打人，他告诉杨香，如果有人要打她，她可以怎么做。李叔叔常常去山里做事，知道很多动物，他告诉杨香，山里有很多有意思的小动物，也有一些吃人的大动物，如果看到吃人的大动物，她可以怎么做。王阿姨会做好吃的菜，张阿姨做的衣服非常好看，她们也都告诉

杨香怎么做。

慢慢地，杨香长大了，也知道很多事情了。她做的菜和王阿姨一样好吃，她做的衣服，父亲、杨叔叔、李叔叔都很喜欢，大家都说杨香又能干又孝顺(xiào shùn,filial piety)，真是个好孩子。

春天到了，杨香的父亲要到山里去做事了。这个时候山里有很多活儿，但是想去山里做事的人很少，所以能拿到的钱比较多。父亲不常去山里，这个活儿又要很长时间，杨香要和父亲一起去，父亲想了想，就同意了。上山了，山路很不好走，杨香想走快一点儿。

　　但是她走得太快了，很快，她就累了。父亲就带杨香去树下休息。他们一边休息一边说话，突然一只非常大的老虎（lǎo hǔ,tiger）从山里跑了出来，他们看到老虎很害怕，连动都不敢动了。冬天的时候老虎没有什么吃的，现在它很饿很饿，它看到了杨香和她的父亲，张开大口想要吃了他们。这只老虎很快地跑了过去，咬（yǎo, to bite）住了杨香父亲的大腿。杨香看到老虎咬住了父亲，心里非常着急。她特别担心父亲，却一点儿办法也没有，她只是一个十四岁的小女孩儿啊！杨香急得哭了，她一次又一次地问自己："我应该怎么办呀？父亲马上要被老虎吃了，我应该怎么办呀？要怎么样才能帮到父亲呢？"这个时候她很想别人能帮助她，就很快地看了看附近，但是附近一个人也没有，邻居也住得很远很远，也没有办法帮助她。邻居！杨香想到了杨叔叔和李叔叔告诉她的事情，老虎很厉害，但是如果有人骑在老虎的背上，老虎就伤害不到他了。动物的脖子（bó zi,neck）都很软，

人抱住它们的脖子，它们就不能动了。这个时候，杨香没有想到

自己只有 14 岁，也没有想到自己会不会被老虎吃掉了，她只关

心自己的父亲是不是会有事情，父亲会不会被咬死。她觉得自己

的身体一点儿都不重要，父亲的身体最重要。她马上跑过去抱住

了那只老虎的脖子，那只老虎就不能咬杨香的父亲了，想咬杨香。

但是杨香在它背上，它咬不到。杨香知道不可以放开自己的手，

她用自己所有的力气（lì qì,strength）抱住老虎的脖子。父亲很

快地跑到山下，叫了很多人上山来帮忙，杨香一直不放开老虎，

老虎没有办法吃掉杨香，也没有力气离开。人也越来越多，杨叔

叔和李叔叔也来了，他们让杨香很快地从老虎身上下来，然后把

老虎赶走了，杨香和父亲都没事了。

　　这个只有十四岁的小女孩儿，在看到老虎的时候，不关心自

己是不是会有事，只是担心自己的父亲会不会被吃了。为了父

亲，杨香不怕疼，也不怕老虎。她是一个很孝顺也很勇敢（yǒng

gǎn,brave）的女孩。

涌泉跃鲤 (yǒng quán yuè lǐ)

1800 多年前，姜诗（Jiāng Shī）和他的妻子生活在四川（Sìchuān）中部，靠近（kào jin, close to, near）长江（cháng jiāng, the Changjiang River）的地方。姜诗很爱他的妻子庞氏（Páng Shì），庞氏也很爱姜诗。姜诗的母亲快八十岁了，已经很老了，不能帮助姜诗做很多事情了，但姜诗还是很爱他的母亲。因为庞氏很爱自己的丈夫，所以庞氏也很爱姜诗的母亲，也就是自己的婆婆（pó po, husband's mother）。姜诗他们一家人很开心地生活在一起。

庞氏的婆婆特别喜欢喝长江水，还很喜欢吃鱼。姜诗家离长江有六七里左右。每天，庞氏都要跑到很远的长江边去取（qǔ, to get）水，每次庞氏在回来的路上，走了一半路就很累很累，她一点儿都不想走的时候，就想到，婆婆能喝到她最喜欢的长江水，还有丈夫那很开心的笑，庞氏就一点儿也感觉不到累了，很开心地接着向家里走。

回到家里后，庞氏和自己的丈夫开心地给婆婆做鱼吃。每次庞氏做鱼，都会把鱼里面的刺很小心地拿走，特别害怕这些鱼刺把婆婆伤到。另外，庞氏每次都会把刚刚做好的还很热的鱼放在自己的口边吹一吹，等鱼不是很热了再喂婆婆吃。

有一次，姜诗去朋友家吃饭了，没有在家。庞氏因为还没有到长江边取水，所以只能先给婆婆做好她爱吃的鱼，等这些鱼慢慢地变得不是很热了，拿到婆婆的面前交给她，可是没有时间喂婆婆吃，只能让她婆婆自己吃，然后就很着急地去长江边取水去了。姜诗去朋友家了，庞氏也不在家，庞氏的婆婆不想一个人吃这些鱼，就找来她家的邻居和她一起吃。这些邻居是婆婆的朋友，庞氏的婆婆常常去这些邻居家和她们说话。那天的风很大，庞氏在路上走得很慢很慢。姜诗回到家，没有看到自己的妻子，就很生气。姜诗觉得自己不在家的时候，庞氏对母亲很不好，没有喂自己的母亲吃鱼，还把母亲一个人放在家里。庞氏回到家里的时候已经很晚了，婆婆也已经睡了，她小心地回到自己的房间，看到丈夫还没睡，庞氏想：丈夫一定在担心自己，觉得自己还没有回来，一直在等自己。想到这些，庞氏心里很高兴。但是庞氏没有看清楚，姜诗的脸很不好看。姜诗看到庞氏回来了，很生气地说：

"你不能好好地照顾母亲，我也不会要你，明天你就走吧，回你自己的家吧。"姜诗说完就很快离开了房间。

庞氏很难过，觉得丈夫一点儿都不相信自己，自己每天都跑到很远的长江边帮婆婆取最喜欢的长江水，每天很小心地做鱼给婆婆吃，丈夫却这样说自己，她心里特别难过。第二天，庞氏就早早地离开了。

庞氏没有回自己的家，她住在了邻居的家中。庞氏每天起得很早，起床后就开始织布（zhī bù，to weave cloth），一直不停地织布，每天都做到很晚很晚。庞氏把这些织好的布卖了，拿到很多钱。她没有把这些钱用在自己身上，她让邻居把这些钱拿回家送给婆婆，让婆婆买些她喜欢吃的东西。一个月后，婆婆奇

怪地问姜诗："庞氏回家都一个月了，她怎么还不回来？她不在家都没有人帮我做我喜欢吃的鱼了。你去她家把她叫回来吧。"

姜诗说道："我不在家，她对母亲就不是很好，我不要这样的妻子，我让她走了，不让她进这个家了。"姜诗的母亲听到姜诗的话，很不高兴："庞氏对我一直都很好，每天都很认真地照顾我，马上把她叫回来。"姜诗听了母亲的话，觉得很对不起庞氏，他去了庞氏家，庞氏的父母很惊讶，女儿没有回家，也没有在丈夫家，她去哪儿了？姜诗很着急，妻子不见了，怎么办啊？他低着头往家里走，不小心撞到了邻居。姜诗着急地问邻居有没有看到过庞氏，他想找庞氏回家，母亲很想她。邻居这才告诉他，庞氏一直在自己家，织布换钱给自己的婆婆。姜诗又高兴又不好意思，他对庞氏不好，但是庞氏对母亲真的很好，他跟邻居一起回去，把庞氏叫回了家。

庞氏刚走进院子里，突然，院中出现了一个泉（quán，

spring），这些泉水和长江水一样，很干净也很甜。另外，每天

还有两条鱼从泉水中出现。后来，庞氏用这些水和鱼照顾婆婆，

庞氏再也不用跑到很远的长江边了，取水变得十分方便了。

芦衣顺母 (lú yī shùn mǔ)

很久以前，有一个名字叫闵子骞 (Mǐn Zǐ qiān) 的人。他有一位很爱他的母亲，常常给他做很好吃的东西，冬天很冷，母亲会给他做很厚很厚的棉衣 (mián yī, cotton—padded clothes)，棉衣里有很多棉花（mián huā, cotton），特别暖和。他也很爱他的妈妈，经常帮妈妈做很多他能做的事情。但是，妈妈在他六岁时就死了。他很难过，因为没有人帮他做好吃的了，天冷的时候也没有人帮他做暖和的棉衣了。

　　一年后，他的父亲又娶（qǔ，to marry）了一个妻子。闵

子骞知道自己有继母（jì mǔ，stepmother）了，心里很高兴，

他想：父亲经常出去卖东西，不能经常陪我，有了继母后，我可

以和继母玩，继母也会做很多好吃的东西和很暖和的衣服给我。

另外，我的继母好漂亮啊！我很喜欢她。

　　后来，他的继母生了两个儿子。继母很喜欢自己生的儿子，

就不喜欢闵子骞，对他很不好了。继母让自己生的儿子吃热的饭，

但是让闵子骞吃他们剩（shèng，to leave over）的饭，每次闵

子骞吃的饭都是很凉很凉的。继母每天还让闵子骞干很多活儿，

但一点都不让自己生的两个儿子做。闵子骞的父亲在家的时候，

继母就会给三个孩子吃一样的饭，也不会让闵子骞干很多的活儿。

　　一年的冬天，天气很冷，继母给三个孩子做了棉衣，但是她

给自己生的儿子做的棉衣是用棉花做的，棉衣很暖和；给闵子骞

做的棉衣却是用芦花（lú huā，phragmites flower）做的，一

点儿都不暖和。一天，父亲带着他一起出去买东西。那天特别地

冷，下着很大的雪，闵子骞的父亲坐在马车里，闵子骞在马车外

面牵（qiān, to lead）着马，因为天气很冷，特别冷，所以他

的身体总是打战（dǎ zhàn, to tremble）。一不小心，闵子骞

就倒（dǎo, to fall）在了地上，结果，父亲看到他连这么一点

儿小事都做不好，十分生气，拿起旁边的鞭子（biān zī, whip）

就用力地打他，刚刚打了两下，"棉衣"就被父亲打坏了。"棉衣"

里的芦花就从里面飞了出来，父亲才知道不是闵子骞的错，是继

母对他很不好，他的棉衣里没有放棉花，放了芦花。父亲心里非

常生气，也觉得很对不起闵子骞。他觉得妻子太狠心（hěn xīn，hard-hearted、cruel）了，给孩子的棉衣里放芦花，就想不要他的妻子了。所以，他带着闵子骞很快地回家了。

闵子骞的父亲回到家，看着自己的妻子，心里很难过地说："你怎么这么狠心，给孩子的棉衣里放芦花，以后你不再是我的妻子了，你走吧，不要再进这个家了。"妻子听到丈夫的话，突然跪（guì, to kneel）了下来脸上都是眼泪地看着自己的丈夫，很难过地说："我错了，不应该给闵子骞的棉衣里放芦花，不要把我休（xiū，to divorce; to put away）了，把我休了的话，另外两个孩子就没有妈妈了，没有人帮他们做饭和洗衣了。"但是，

闵子骞的父亲还是想要把妻子休了。闵子骞看到父亲还是想让继母走，突然跪下来对父亲说："不要让妈妈走，有妈妈在就只有我一个人受冷，没有了妈妈，三个孩子都会没有棉衣穿，也没有人给我们做饭。不要休了妈妈。"父亲听了闵子骞的话十分感动，就听了他的话，没有休了他的妻子。

继母看到闵子骞帮助了自己，如果没有他的帮助，她一定会被丈夫休了的，所以心里很感谢闵子骞。后来，继母就把闵子骞当成自己真正的儿子了，她对三个孩子一样了。她对三个孩子一样好，给他们吃一样的饭，穿一样的衣服。闵子骞长大后，对继母也很好，一直都很好地孝顺着继母。

怀橘遗亲 (huái jú wèi qīn)

　　很久以前，中国有一段时间被分为三个国家。那时候的中国一直打仗（dǎ zhàng，to fight a battle），很多人没有吃的，没有暖和的衣服穿，没有钱看大夫，只能慢慢地死去。一个叫陆康（Lù Kāng）的人看到人们的日子太苦了，他想：我长大以后一定要当个好官，要好好地对这些生活很苦的人，让他们都吃上饭，有暖和的衣服穿，有钱看大夫。陆康长大后，真的对每个人都很好。

　　陆康有个很聪明的儿子叫陆绩（Lù Jì）。陆绩看到父亲对每个人都很好，特别是对老一点儿的人，经常关心他们，一直在想他们吃得好不好，穿得好不好。陆绩因为受到父亲的影响，慢慢地对每个人也都很好，特别是对自己的父亲和母亲。

　　陆绩每天早上都会起得很早，自己穿完衣服，洗完脸，就很快跑到父母的房间，叫他们起床。父母洗完脸，陆绩就把热毛巾（máo jīn, towel）递给他们，吃饭的时候也要等父母一起吃饭。

一次，陆康带着只有六岁的儿子陆绩，去见比自己官还大的

袁术（Yuán Shù）。袁术拿出橘子（Jú zi, tangerine）给陆绩

吃。陆绩看到橘子又大又新鲜，就不舍得（bù shě de, be not

willing to）吃，心想：母亲最喜欢吃橘子了，我可以把橘子拿回

家给母亲吃。袁术看到陆绩不吃他给的橘子，奇怪地问："陆绩，

你怎么不吃橘子呢？是因为橘子不好吃，还是不喜欢吃橘子？"

陆绩回答说："我喜欢吃橘子，只是看它们又大又好，不舍得

吃。""哦，没关系，我这儿还有很多呢，你慢慢吃。"袁术说道。

然后，袁术就接着和陆康商量事情了。

陆绩看袁术和父亲没有看他，就小心地往衣服里放了两个橘子。他想：母亲看到这两个橘子一定特别高兴。过了一会儿，陆康和袁术商量完事情，就要离开了。结果陆绩一站起来，衣服里的橘子就掉在了地上。袁术嘲笑（ cháo xiào , to make fun of ）说"陆康你来我家和我商量事情，走的时候你儿子还要偷（tōu , to steal）我家的橘子吗？我又不是不让你儿子吃，走的时候怎么还偷呢？"陆绩听到袁术的话，心里很不舒服，但自己偷袁术家的橘子，真的也不对。陆康看到平时很老实的儿子在袁术家偷

橘子，非常生气，就要打陆绩，但想到儿子平时不是会偷东西的人，就问道："人家不是让你吃了很多吗，你为什么还偷人家的橘子？"

陆绩回答说："母亲喜欢吃橘子，我想拿回去让母亲也尝一尝。"

陆康听到儿子的话，知道他偷橘子不是想自己吃，是想给自己的妻子吃，心里还是很高兴的，儿子没有变坏，一直想着自己的妻子，儿子还是个孝顺的人。袁术见陆绩这么小就这么孝顺，觉得很感动，就让陆绩把所有的橘子都拿回家给他母亲吃。

袁术看到不孝顺的人，就会和他们说陆绩偷橘子给他母亲吃的事，后来很多人都知道了陆绩偷橘子给他母亲吃，知道了他是个很孝顺的人。后来，陆绩读了很多书，长大后像父亲一样，做了很大的官，也经常帮助需要帮助的人。

啮指痛心 (niè zhǐ tòng xīn)

很久很久以前，有一个人叫曾子，他学习很认真，每天都学习到很晚，老师说什么他都知道，老师很喜欢他，说他是孔子教过的学生中最好的学生。人们都知道他有很多知识，知道好多好多事情。人们都很尊敬（zūn jìng, to respect）他，认为他说的话很对，也很听他的话，人们都想成为和他一样的人。他还写了好多书，人们可以从书中知道很多事情，人们也都很喜欢他写的书，好多人还能背诵他写的书呢。

他的父亲很早就死了，他的家里没有钱。他小的时候，他的母亲要做很多洗衣服的工作才能养他，十分辛苦。他知道自己的母亲很不容易，所以他对自己的母亲非常好，小的时候一直听母亲的话，不做会让母亲生气的事，一直帮助母亲做好多家务事（jiā wù shì, house work）。长大以后，他一直把母亲照顾得很好，好吃的东西先给母亲吃，好喝的东西先给母亲喝，有钱先给母亲

做衣服。有的时候，家里的米只能一个人吃，他让母亲先吃，他

自己饿着。长大以后，他不让母亲干活，他自己一个人干活养他

自己和他的母亲。虽然他是孔子的学生，知道很多知识，但是他

每天也要砍柴（kǎn chái, to cut firewood），换钱给家里买吃

的。虽然很累，可是想到能让母亲吃好吃的东西，穿暖和的衣服，

他就不觉得累了，他很高兴。

有一天，他到山上砍柴，他的母亲在家里等他回来一起吃饭，

因为他回来了才有米做饭吃。

"咚咚咚，咚咚咚……"曾子的母亲听到了敲门（qiāo

mén, to knock the door）的声音。

曾子的母亲打开门，站在门外边的人看到她，说："您好，请问，曾子在家吗？我是他的好朋友，我来看看他。"

曾子的母亲让曾子的朋友进来，给他倒了一杯水，让他坐下，和他一起等曾子回家。

这是曾子的朋友第一次来家里，但是家里没有什么可以吃的东西给客人吃。曾子去砍柴的山离家很远，那个时候也不可以打电话，曾子的母亲也找不到人去帮她上山找曾子。曾子的母亲心里非常着急，不知道怎么办。她希望曾子能很快地回家。可是，她等了很长时间，曾子也没有回家。曾子的母亲让曾子的朋友等

了很长时间，她更加着急了。她自己也没有发现，她在咬 (yǎo, to bite) 自己的手指，只是在想，曾子的朋友第一次来家里就见到这样的事情，以后会不会不喜欢曾子，不和他做朋友了呢？

在山上砍柴的曾子，一直开心地砍着柴，打算换了钱以后，去市场上买一些米，再买一些肉。

"今天母亲又可以好好吃一顿饭了。"他想。

突然，他觉得心里很不舒服。他知道自己身体很好，一定不是自己的问题，那还有什么问题让自己这么不舒服呢？他想到了母亲，他从小和母亲在一起，母亲开不开心他都知道。他出来很久了，母亲会不会出了什么事情，于是他很着急地回家。回到家以后，他看到母亲正看看这边，看看那边，很着急的样子。

"母亲，我在山上突然觉得心里很不舒服，很担心你，发生了什么事吗？"

曾子的母亲看到曾子回来了，很高兴，就说："家里来了客人，

他说要看看你，我不知道怎么办，想找你回家，又不知道怎么找

到你，不小心咬了一下自己的手指头，没想到你真的回家了。"

　　曾子的朋友看到了这件事情，回去告诉了老师和其他朋友。

大家都说，曾子的心和他母亲的心是在一起的，曾子真的是个很

好的儿子。

哭竹生笋 (kū zhú shēng sǔn)

在很多年以前，有一个很孝顺的人，他的名字叫孟宗 (Mèng Zōng)。小孟宗很听父亲母亲的话（听话，tīng huà, to be obedient)，也非常喜欢读书。但是，在孟宗很小的时候，他的父亲就死了，离开了小孟宗和他的母亲。结果，就只剩下孟宗和他母亲两个人一起生活。虽然孟宗家里没有钱，但是孟宗的母亲一直很想让孟宗可以好好读书，所以她为了儿子读书的事情做了很多努力。日子过得很快，一年一年过去了，小孟宗也慢慢长大了，可是他的母亲却老了。

孟宗的母亲身体一直不好。有一年冬天，他的母亲生病了。日子一天天过去了，母亲的病（bìng, disease)越来越严重（yán zhòng, serious)，每天都吃得很少。孟宗看到母亲天天躺在床上，病得很严重，心里特别担心。孟宗找到大夫，大夫告诉孟宗，如果想治（zhì, to cure) 好母亲的病，让母亲的身体好起来，就要

用新鲜 (xīn xiān，fresh) 的竹笋 〔zhú sǔn， bamboo shoots〕

熬 〔áo, to boil〕汤，然后让母亲把它喝完。可是，只有在春天，

竹林 (zhú lín，bamboo forest〕里才会有竹笋长出来。但是这时

候正是冬天，天气很冷很冷，山里怎么会有竹笋呢？想到这些，

孟宗心里又着急起来。

　　可是孟宗为了让母亲早点好起来，他还是听了大夫的话，一

个人跑到山上的竹林里去寻找竹笋。这天，天气特别寒冷，山上

很多花草树木都不生长，孟宗想要找到竹笋，真的是一件很难很

难的事。来到竹林里，孟宗很努力地找竹笋，可是一个小时过去

了，又一个小时过去了，孟宗找了好久好久，也没有找到一点儿

竹笋。这时，孟宗已经走了很长时间的路，脚上的草鞋都坏了，

他又累又渴，但是想到母亲还躺在床上很多天没有吃东西，孟宗

心里又着急又难过。孟宗不想失去母亲，他只想好好地照顾母亲，

让母亲好起来，然后和母亲两个人好好地生活下去。于是他接着

向前走，一直到走得没有了力气，最后累得坐在了地上。孟宗最

后还是没有找到竹笋，心里难过极了。他双手抱住 (bào zhù,

to embrace）竹子，大声哭了起来。好长时间过去了，孟宗一

直在哭，一直在哭，他的眼睛红红的。突然，他抬起头，看见前

面不远的地方有几棵新鲜的竹笋。看到它们，孟宗心里真是又惊又喜。他心里想：冬天这么冷，没想到这里真的会有竹笋！太好了！有了它们，母亲的病就可以治好了。于是，孟宗马上把竹笋挖（wā，to dig）出来，小心地放在包里，开心地带回了家中。

回到家里，孟宗高兴地为母亲熬竹笋汤。然后，他又十分小心地把汤喂给母亲。母亲很喜欢喝儿子熬的竹笋汤，她把所有的竹笋汤都喝了。就像大夫说的，孟宗的母亲喝完汤之后，身体慢慢好了起来。

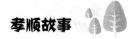

　　孟宗人很好，又很喜欢读书，他经常读书读到很晚才会睡觉。

孟宗的母亲看到儿子读书很努力，她心里很高兴。没过多长时间，

孟宗就做了官，成为了当地很有名的人。孟宗的母亲看到儿子做

了好官又很孝顺，心里很高兴。

鹿乳奉亲 (lù rǔ fèng qīn)

　　很久很久以前，有一个非常孝顺的人，他的名字叫郯子（Tán zǐ）。他每天帮父亲母亲做很多的事情。他会帮父亲母亲做饭，还帮父亲母亲洗衣服，一家人过着开开心心的日子。

　　母亲找了一份工作，帮别人做衣服。她每天要做很多的衣服，早上很早就起床了，时间久了，母亲的眼睛得了很重的病（得病，dé bìng，to fall ill）。父亲看到母亲的眼睛不好了，很伤心，过了一段时间，因为伤心，父亲的眼睛也看不清楚了。郯子很着急，找了很多大夫，但是一直治不好父亲母亲的眼病。后来，他听别

人说，鹿 (lù，deer) 的奶可以治好父亲母亲的眼病。但是，怎么

能取到鹿的奶呢？他想了很长时间，突然想到，可以穿着像鹿一

样的衣服，这样可能更容易拿到奶。第二天，他穿着像鹿一样的

衣服，很小心地走进鹿中间，但是这么多鹿，选哪个呢？他选了

一只很胖很大的鹿开始挤奶，但是，这只鹿不能安静下来，他用

了很长的时间，也没有挤出奶。他很着急，开始想其他的办法。

他心想："有没有什么办法能让鹿安静下来呢？"突然，他想到

了一个好方法，找了一些吃的东西，放在这只鹿的面前让它吃，

这只鹿开始吃东西了。鹿很安静地吃着，郯子见了，很开心，觉

得可以挤奶了。他拿了一个杯子，这个杯子很大很大。他开始用

手挤奶，挤出了鹿的奶，他很高兴，于是他把鹿的奶滴（dī，to

drip）到杯子里。就这样，他一边用手挤鹿的奶，一边用手拿着

杯子，他挤了很长时间，最后，杯子里装满了鹿的奶。他拿着满

满一杯鹿奶，开心地回家了。他回家后，让父亲母亲喝下鹿的奶，

然后让他们去休息。他坐在父亲母亲的床前，看着父亲母亲，希望父亲他们能快点儿好起来。

每天他都去挤鹿的奶，父亲母亲喝了几天后，他们的眼睛好了很多。有一次，他又穿着像鹿一样的衣服去鹿中间了，还是挤鹿的奶。挤到一半的时候，他看见了一个猎人，这个猎人偷偷地躲在一旁。他不知道这个猎人想干什么，他假装没有看到猎人，继续挤奶。这时，猎人准备杀鹿了。猎人想："这么多的鹿，先杀哪一个呢？"猎人犹豫的时候，郯子在鹿中间走来走去，心里很着急，他害怕猎人会杀自己。这时，猎人发现了郯子，猎人看

到郯子和别的鹿不一样，看起来不像是鹿，而且还很胖，心想："这

是一只什么样的鹿，怎么不像是鹿呢！唉，不管了，这只鹿很

肥，一定能卖很多钱，先杀死这只鹿吧。"于是猎人把武器（wǔ

qì,weapon）对准了这只鹿，向这只鹿刺（cì, to stab）过去。

郯子看到猎人想杀死自己，他跑来跑去躲（duǒ, to hide; to

avoid）开武器，猎人刺了很长时间，郯子一点儿事也没有。猎

人想："这样不是办法呀！根本杀不死这只鹿，我得想其他的办法。"

猎人想到了，他拿了一些可以吃的东西放在这只鹿的面前，希望

它可以上当。郯子心想："我是人，不是鹿，怎么会上你的当呢？"

一段时间过去了，其他的鹿都去吃东西了，猎人要杀的这只鹿没有过去，猎人很奇怪这只鹿为什么不过来。

其他的鹿在他的面前，他能够很容易地杀死这些鹿，可是他没有。他现在只想杀死这只很胖的鹿。猎人急了，他走进鹿中间，追这只鹿，追了很长时间，猎人和郯子都非常累，他们没有力气（lì qì,strength）了。这时，猎人突然刺过去，郯子没有注意到猎人，郯子的腿受伤了。可是，郯子没有放弃，他不想被猎人杀死，一边跑一边想："我该怎么办啊？"最后，郯子坚持不住了，他说话了："我不是鹿，我是人。"猎人被吓到了，但是，猎人有点儿不相信。郯子脱下他那像鹿一样的衣服，猎人才相信。郯子走到猎人面前，说出了这样做的原因。郯子说："我父亲母亲的眼睛得了很重的病，我需要鹿的奶来治我父亲母亲的眼睛，希望你不要杀我。"猎人听了之后很感动，他帮助郯子一起去挤鹿的奶。在挤鹿的奶的时候，他们两个合作（hé zuò, to cooperate）

得很好，不一会儿，他们就挤出了满满一瓶，他们两个都很高兴。

挤完后，猎人和郯子也成了好朋友。

　　回家后，他把鹿的奶拿给父亲母亲喝，还和以前一样，坐在父亲母亲床前，希望父亲母亲能快点儿好起来。一个月后，父亲母亲的眼睛好了，他们都很高兴，又过上了开开心心的生活。